Peter Cosentino

Handbuch der Töpfertechniken

Vase von Frank Boyden

Handbuch der Töpfertechniken

Peter Cosentino

Otto Maier Ravensburg

Die Deutsche Bibliothek –
CIP-Einheitsaufnahme

Handbuch der Töpfertechniken /
Peter Cosentino.
[Aus dem Engl. übers. von Sabine Sarre]. –
Ravensburg : Maier, 1991
Einheitssacht.: The encyclopedia of pottery techniques < dt. >
ISBN 3-473-42546-X
NE: Cosentino, Peter; EST

Die Originalfassung erschien 1990 in Großbritannien unter dem Titel „The Encyclopedia of Pottery Techniques".

Aus dem Englischen übersetzt von Sabine Sarre
Umschlagfoto: Ernst Fesseler (Gefäße von J. Geray und W. Turobin-Ort)
Umschlaggestaltung: Ekkehard Drechsel
Gesamtherstellung: Leefung-Asco Printers Ltd., Hong Kong
Printed in Hong Kong

94 93 92 91 4 3 2 1

ISBN 3-473-42546-X

Inhalt

Vorwort

Die Keramik erfährt eine Renaissance. Viele wollen ihren Traum von der eigenen Töpferwerkstatt Wirklichkeit werden lassen. Und es sind nicht nur junge Leute, die der Reiz dieses uralten Handwerks fesselt. Alle Altersgruppen entdecken wieder die Faszination, an der Drehscheibe zu arbeiten. Sie selbst wollen aus der feuchten Tonmasse Gefäße entstehen lassen, sie liebevoll dekorieren, henkeln und dann mit mehr oder weniger Geschick und vielleicht auch Glück glasieren und brennen.

Töpfern – eines der ältesten handwerklichen Tätigkeiten überhaupt. Seine Geschichte ist lang und läßt sich fast über die ganze Erde verfolgen. Hinweise auf dieses Handwerk finden sich schon auf Felsmalereien, die in der Wüste Sahara entdeckt wurden. In Griechenland hießen später alle Waren aus Ton „Keramos“, und ihr Hersteller war der Kerameus. Und schließlich wurde sogar den Keramikern ein ganzes Stadtviertel des alten Athen vorbehalten – genannt Kerameikos. Die Kunst der Töpfer war hoch geschätzt und sie wurden ebenso geehrt, wie die Bildhauer oder andere Künstler.

Es gibt sicherlich viele Wege, eine Begabung auszubilden und zu vollenden. Ein Leonardo da Vinci zum Beispiel verstand sich – wie viele Künstler der Renaissance – zuallererst als Handwerker. Aus diesem Verständnis wuchs sein Werk. Das Handwerk erfuhr hier seine höchste Vollendung.

Doch vor dem Sprung in die Kunst steht die handwerkliche Grundausbildung des Keramikers. Der Umgang mit dem Material, mit der Form, dem Dekor und nicht zuletzt dem Brand erfordert neben Übung und Ausdauer auch eine gute Anleitung. Und nicht jeder will oder kann zu einem Meister in die Lehre gehen.

Es gibt für die immer zahlreicher werdende Schar derer, die sich eigene töpferische und keramische Meriten erwerben wollen, ausgezeichnete Bücher.

Einige dieser Bücher sind außergewöhnlich lehrreich. Sie enthalten wertvolle Informationen über Arbeitsweisen, Techniken und Materialverhalten. Aber in vielen Fällen werden beträchtliche Vorkenntnisse vorausgesetzt. Dann erscheint dieses Handwerk sehr kompliziert und entsprechend schwer zu bewältigen. Anstatt den Leser zu motivieren, entmutigen solche Bücher den unerfahrenen Töpfer eher. Sie scheinen anzudeuten, daß nur eine in die Töpferei eingeweihte Elite etwas Gutes erreichen kann.

Meine eigene Beschäftigung mit Ton, als Keramiker und als Lehrer, hat mir gezeigt, wieviel jeder aus der Begegnung mit diesem faszinierenden Material und seinen Bearbeitungsmethoden für sich herausholen kann. Dieses Buch habe ich geschrieben, um einer möglichst breiten Leserschaft genau diese Erfahrung zu vermitteln. Es soll ein Licht auf die faszinierende Welt der Töpferei mit ihren verschiedenen Arbeitsmethoden und ihren vielfältigen individuellen Möglichkeiten und Herangehensweisen werfen. Ich hoffe, daß es die Leser dazu ermutigt, selbst zu entdecken, wieviel Freude die Beschäftigung mit Ton machen kann.

Topf von Peter Cosentino

Das Buch ist nicht für erfahrene Töpfer gedacht, denn deren Kenntnisse sind sicher wesentlich besser als meine. Es ist für all diejenigen, die ausprobieren wollen, und für jene, die ausprobiert haben, aber durch scheinbar schwierige Arbeitsmethoden abgeschreckt wurden. Das Buch ist auch für diejenigen, die am Anfang stehen und mehr wissen wollen.

Die Töpferei braucht zum Überleben und zu ihrer Weiterentwicklung ein breites Interesse, und das können wir nur dadurch erwecken, indem wir den kommenden Generationen das schöpferische Potential zeigen, das im Töpfern liegt, und zwar sowohl als entspannende Freizeitbeschäftigung als auch als Möglichkeit, unsere eigene Kreativität auszudrücken.

Natürlich kann man einfach durchs Lesen viel über eine spezielle Technik oder Methode herausfinden, aber nichts geht über das Selbstausprobieren!

Peter Cosentino

Teil 1

Techniken

Gelungene Keramik weckt in den meisten von uns ein fast zwanghaftes Verlangen nach Anfassen und Berühren. Der Grund, warum uns solche Stücke, ob sie nun alt oder neu sind, ganz funktional oder abstrakt, einfach schön erscheinen, ist schwer zu fassen. Diese Werke scheinen eine Ausstrahlung zu besitzen, die uns einfach anzieht. Wenn uns ein solches Stück begegnet, dann werden praktische Fragen nach der Tonsorte, dem Dekorationsstil oder nach der Brenntemperatur fast zweitrangig. Nur wenn wir herausfinden wollen, warum wir ein bestimmtes Stück mögen oder nicht, fangen wir an, die angewandten Techniken und die Bearbeitung vom Ton bis zum Brennofen zu hinterfragen. Die ‚Aura' guter Keramik ist kein Zufall. Sie ist das Ergebnis einer harmonischen Verbindung von gelungener Technik und Dekorelementen und entsteht aus dem Können und der Kreativität des Keramikers.

Die technische Seite der Keramik kann manchmal entmutigen oder sogar abschrecken, und es ist verständlich, daß viele Anfänger versuchen, ihren Mangel an technischer Erfahrung im Umgang mit dem Ton dadurch zu verbergen, daß sie hauptsächlich ihre kreativen Energien hervorheben.

Technisches Wissen allein läßt noch kein Stück mit bleibendem Wert entstehen. Doch kommt auch das abstrakteste Keramikwerk nicht ohne technisches Verständnis aus. Manchmal sehen Stücke so einfach aus, daß man denkt, jeder mit oder ohne Keramikerfahrung könnte sie gemacht haben. Tatsächlich aber hat der Töpfer dies nur dadurch erreicht, daß er wichtige Techniken vollkommen beherrschte. Oft entstehen Ideen gerade durch ein Erforschen der technischen Bearbeitungsmöglichkeiten, weil diese das Grundgerüst für die persönliche Kreativität bilden.

Das Ziel des ersten Teiles dieses Buches ist es, dieses Grundgerüst anzubieten. In alphabetischer Ordnung werden die Techniken dargelegt, die die Töpfer weltweit am meisten anwenden. Eine umfassende Auswahl an Arbeitsmethoden wird Ihnen im ersten Teil des Buches vorgestellt. Durch anschauliche Bilder und Erläuterungen von Arbeitsabläufen, aber auch anhand von Beispielen fertiger Werke sollen Ihnen die verschiedenen Dreh- und Aufbautechniken ebenso gezeigt werden wie die unterschiedlichen Dekorationsmethoden. Die Querverweise werden Ihnen helfen, wenn Sie etwas über eine bestimmte Technik wissen müssen, bevor Sie mit einer anderen umgehen können. Ich hoffe, daß Sie diesen Teil als hilfreich empfinden und Lust bekommen, einige oder auch alle Techniken selbst auszuprobieren.

Aus Gründen der Übersichtlichkeit wurde jede Methode einzeln beschrieben und illustriert; das heißt aber nicht, daß die Anwendung nur einer einzigen Methode sinnvoll ist. In Wirklichkeit geht eine Technik in der anderen auf, und die meisten Stücke verbinden sowohl verschiedene Methoden des Aufbaues als auch der Dekoration. Diese Tatsache wird deutlich in der großen Palette der dargestellten Werke in diesem Buch.

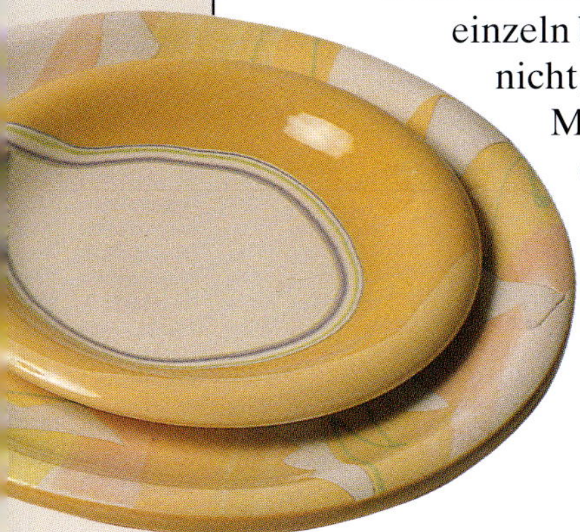

Abdrehen

Es ist der Arbeitsvorgang, bei dem überflüssiger Ton von der Bodenkante und von der Unterseite der Standfläche entfernt wird. Zu einem gewissen Maß werden die Bodenkanten schon beim Drehen, wenn der Ton noch weich ist, beschnitten. Die Standflächen werden aber erst im lederharten Zustand abgedreht.

Bei Stücken wie flachen Schalen und Tellern sollte man am Fuß aus Stabilitätsgründen Ton stehenlassen, bis er etwas fester geworden ist. Bei anderen Gefäßen muß weniger abgedreht werden, wenn sie zuvor gut gedreht wurden.

Zum Abdrehen des Fußes wird das lederharte Stück umgedreht und in die Mitte der Drehscheibe gesetzt. Gefäße, die in dieser umgekehrten Stellung nicht stehenbleiben, werden in eine Abdrehstütze gesetzt, den sogenannten ‚Donsel'. Das ist eine passend gedrehte, meist zylindrische Tonform, die im lederharten Zustand als Hilfsmittel beim Abdrehen eingesetzt wird. Alternativ dazu können auch andere geschrühte Töpfe oder sogar Blumentöpfe aus Plastik verwendet werden. Deren Kanten muß man dann allerdings mit einem Tonwulst abpolstern, so daß das hineingesetzte Stück nicht beschädigt wird. Stücke, wie zum Beispiel Krüge mit einer Schnaupe, die über den Rand nach oben hinausragt, werden mit einem dicken Tonbatzen unter dem Rand auf die Scheibe gesetzt.

Zum Abdrehen werden verschieden geformte Klingen und Schlingen verwendet. Diese Abdreheisen kann man kaufen oder sich auch selbst anfertigen.

Das Abdrehen beginnt mit dem Glätten des Gefäßbodens. Dabei wird der Ton von der Mitte nach außen zur Kante hin abgeschält. Daraufhin werden die Kanten versäubert, der äußere Durchmesser des Fußringes festgelegt und entsprechend abgedreht. Die Form des Fußringes verändert die Gesamterscheinung des Gefäßes und muß deshalb vor dem Abdrehen sorgfältig überdacht werden. Form und Größe des Fußringes müssen der gedrehten Form entsprechen: Ein kleiner, enger Fußring paßt zu einer kleinen Schale, ein großes, ausladendes Gefäß braucht einen entsprechend größeren Fußring, damit es gut steht. Fußringe, die sich gut greifen lassen, erweisen sich vor allem beim Glasieren von Vorteil, da man die Gefäße daran festhalten und eintauchen kann.

Das Abdrehen braucht Zeit, denn es sollten immer nur dünne Tonpartien abgeschält werden. Beim Abdrehen können sogenannte ‚Rattermarken' auftreten. Dies sind wellenartige Riffelungen auf der Tonoberfläche. Sie treten dann auf, wenn der Ton zu hart oder zu weich, das Abdrehwerkzeug zu stumpf ist oder falsch gehalten wurde.

Bei Tonmassen, die einen hohen Anteil Schamotte enthalten, entstehen häufig Kratzspuren, weil die Schamottepartikel an die Oberfläche kommen und durch das Abdreheisen mitgezogen werden.

Solche Spuren lassen sich entfernen oder zumindest verringern, indem man eine Gumminiere oder Drehschiene fest auf die sich drehende Tonfläche drückt.

Das Wiederaufbereiten von Ton

Ton läßt sich zu jedem Zeitpunkt, bis er geschrüht ist, wieder aufbereiten und wiederverwenden. Alle abgedrehten Abschnitte, Tonabfälle oder nichtverwendete Tonteile können wiederverwendet werden. Es dürfen nur keine schon gebrannten Teile dabeisein. Unterschiedliche Tonsorten sollte man auch nicht mischen.

Die Abfälle werden in kleinste Stückchen zerbrochen und in einem wasserdichten Behälter, einem großen Eimer oder einer Plastikwanne, in Wasser eingeweicht. Nach ungefähr einem Tag wird sich der Ton aufgelöst und in Schlicker verwandelt haben. Das über dem Ton stehende Wasser wird dann abgegossen und der Schlicker auf Brettern oder Gipsplatten ausgebreitet.

Eventuell können diese vorher mit einem Tuch abgedeckt werden, damit keine Gipskrümel in den Ton geraten. Auf diese Weise wird es auch einfacher, den Ton ab und zu umzudrehen, damit er besser trocknet. Hat der Ton wieder eine Konsistenz erreicht, mit der man arbeiten kann, wird er durch *Kneten* und *Schlagen* wieder in Form gebracht.

1 Ein Teil des Abdrehens geschieht noch auf der Drehscheibe, bevor der frisch gedrehte Topf heruntergenommen wird. Was oder wieviel dabei möglich ist, hängt von der Form und der Stabilität des gedrehten Stückes ab. Man sollte daran denken, daß der Ton sich in diesem weichen Zustand sehr viel leichter abdrehen läßt als später, wenn er schon lederhart ist.

2 Das Gefäß wird zum Abdrehen umgekehrt auf der Drehscheibe zentriert. Es kann mit kleinen Tonklümpchen rund um den Rand auf der Scheibe fixiert werden.

3 Nehmen Sie eine bequeme Haltung ein, und legen Sie Ihre Finger so aneinander, daß Sie das Abdrehwerkzeug ruhig und sicher ansetzen können. Beginnen Sie damit, eventuelle Unebenheiten von der Bodenfläche und der unteren Kante abzuschälen. Ist die Außenkante besonders schartig, hilft eine Nadel oft weiter.

4 Sind Bodenfläche und -kante eben und glatt, werden die Umrißlinien des Fußringes mit einer scharfen Kante des Werkzeuges eingeritzt. So erhalten Sie eine Bezugslinie für die weitere Bearbeitung.

5 Setzen Sie das Werkzeug in der Mitte an. Arbeiten Sie immer von innen nach außen. Dabei schälen Sie dünne Schichten ab. Berücksichtigen Sie die Stärke des Bodens, sonst schneiden Sie womöglich plötzlich hindurch.

6 Dann kann der äußere Rand des Fußringes bearbeitet werden. An dieser Stelle ist der Ton meistens noch am dicksten. Überprüfen Sie die entstehende Form des Fußringes immer wieder. Er sollte ganz natürlich aus der Form des Gefäßes herauswachsen.

Arbeiten mit der Abdrehstütze

1 Gedrehte Gefäße mit engen Hälsen oder kleinen Öffnungen müssen umgedreht in einen ‚Donsel' gesteckt werden, damit sie beim Abdrehen nicht umfallen. Große Schalen können auch über eine solche Abdrehstütze gestürzt werden, wenn sie für die Drehscheibe sonst zu groß sind.

2 Solche Abdrehstützen können passend für bestimmte Gefäße gedreht und danach in Plastikfolie gewickelt werden, um sie für das nächste Mal aufzuheben. Sitzt das Gefäß richtig in der Abdrehstütze, kann man es wie zuvor beschrieben abdrehen.

3 Hat ein Gefäß einen sehr unebenen Randabschluß oder eine Schnaupe, wird ein Tonkragen auf die Scheibe gelegt, in den das Gefäß dann umgekehrt hineingedrückt wird. Hier wurde der Tonkragen an einer Stelle etwas ausgespart, so daß Platz für die überstehende Schnaupe blieb.

Das Wiederaufbereiten von Tonresten

Trockene, nicht verwendete Tonklumpen können wiederaufbereitet werden. Sie werden in einem Plastikeimer mit Wasser übergossen. Haben sie sich dann in Schlicker verwandelt, wird die Masse auf Platten ausgestrichen.

Achat-Ware

Der Name stammt von dem Achat-Stein, der beim Aufschneiden vielfarbige Schichten aufweist, und wird für Werkstücke angewendet, die aus zusammengekneteten verschiedenfarbigen Tonmassen bestehen. Diese Marmorierung ist Dekoration und Struktur zugleich. Bestimmte Techniken, die ursprünglich aus der Holzverarbeitung stammen, wie Schichtverleimung und Einlegearbeiten, werden auch in Ton ausgeführt. Auch diese werden meist mit dem Namen Achat-Ware bezeichnet.

Da Ton von Natur aus in unterschiedlichen Farben vorkommt, wäre es nur logisch, einfach eine Anzahl verschiedener Tonmassen herauszusuchen und zusammenzukneten, um solche Achateffekte zu erhalten. Dieses Vorgehen kann aber sehr enttäuschend werden, weil viele Tonsorten in ungebranntem Zustand unterschiedliche Färbungen aufweisen, in gebranntem Zustand jedoch ganz gleich aussehen. Meist unterscheiden sie sich auch in ihrer Schwindung. Und das kann dann zur Rißbildung oder sogar zum Zerreißen der Stükke beim Trocknen oder später beim Brennen führen. Diese Probleme, verbunden mit dem Wunsch nach speziellen Farben, führten die Keramiker dazu, eine weiße oder sehr helle Grundmasse zu verwenden, der sie dann Farben oder Metalloxide beimischten. Damit die Farbe gleichmäßig im Ton verteilt wird und beim Brennen keine Blasen wirft (außer natürlich, wenn genau dieser Effekt erwünscht wird), mengt man das Farbmittel unter den Ton, solange beide noch in Pulverform sind. Dann wird alles mit Wasser zu einem Brei verrührt, der dann durchgesiebt und weiterverarbeitet wird. Die Farbpulvermenge ist eine Sache des persönlichen Geschmacks. Als grobe Richtlinie gelten etwa 1 bis 10%. Die blauen Farben bilden da eine Ausnahme. Man braucht davon selten mehr als 2%, um eine starke Einfärbung zu erhalten. Tonhersteller und -lieferanten liefern aber heute schon fertig eingefärbte Tonmassen.

Wird Achat-Ware aus verschiedenfarbigen Streifen aufgebaut, besteht die Gefahr, daß die Nahtstellen aufreißen. Die Trockenzeit ist bei solchen Stücken die kritischste Phase und sollte extrem langsam, eventuell über Wochen, erfolgen. Um den Trokkenprozeß zu verlangsamen, können die fertigen Werkstücke in Plastiktüten oder -behältnisse gesteckt werden.

Achat-Ware kann entweder glasiert oder einfach nur poliert werden. Der Töpfer wird das meist schon im Vorfeld entscheiden und dementsprechend die Farben und deren Intensität auswählen. Helle Farben vertragen nur transparente Glasuren. Unter anderen Glasuren wirken sie völlig verscnwommen, unglasiert jedoch sind sie sehr interessant. (Kupfer und einige andere Farbkörper wiederum entwickeln nur unter einer Glasur ihre volle Leuchtkraft.) Sehr intensive und kräftige Farben kommen unter einer leicht getönten oder mattweißen Glasur am besten zur Geltung.

Achat-Ware entsteht durch die Verwendung zweier oder mehrerer unterschiedlich eingefärbter Tonmassen. Eine ganze Palette kräftiger oder sanfter Farben erhält man durch den Einsatz von Farbkörpern.

2 Der durchgeschnittene Tonblock zeigt den Grad der Vermischung. Eine starke Marmorierung entsteht meist dann, wenn der Anteil der kräftigeren Farbe geringer ist.

Das Zusammenkneten farbiger Tonmassen

1 Zwei oder mehrere verschiedenfarbige Massen werden vor dem Drehen zusammengeschlagen und -geknetet. Der Ton muß aber vorher einzeln gut auf- und vorbereitet sein, weil ein übermäßig langes Kneten zu einer vollständigen Vermischung der verschiedenfarbigen Tonsorten führt.

3 Während des Drehens werden Sie die Musterung kaum sehen können, weil die Oberfläche meist von einer einheitlichen Farbe überzogen ist.

4 Die Achatware-Muster werden dann deutlich hervortreten, wenn das Stück im lederharten Zustand abgedreht wird. Die Zufälligkeit dieses Effekts garantiert, daß jedes Stück anders aussehen wird.

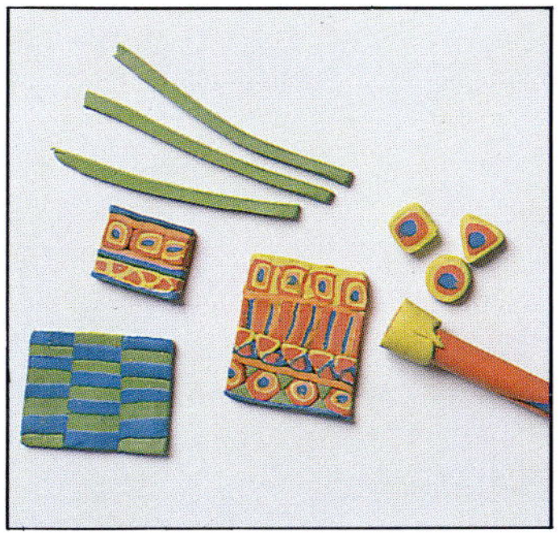

Muster aus Tonstreifen

1 Muster und Kombinationen können zuerst einmal mit Knetmasse ausprobiert werden, weil eingefärbter Ton teuer und zeitaufwendig herzustellen ist. Außerdem werden Sie dabei merken, wie schnell die Farben verschmutzen.

Für diese polierte und unglasierte Vase habe ich Irdenware- und Porzellanton kombiniert. Damit sich die beiden Tonsorten während des Trocknens nicht voneinander lösen, ließ ich die Vase sehr langsam über einige Wochen hinweg trocknen.

2 Verschiedenfarbige Tonstreifen können zu einer gemusterten Platte zusammengesetzt werden. Die Streifen sollten möglichst von gleicher Plastizität sein. Beim Ausrollen muß auf eine gleichmäßige Stärke geachtet werden.

3 Eingefärbter Schlicker, angerührt aus dem Ton, den Sie verwenden, wird dick auf die Nahtstelle zwischen zwei Streifen aufgetragen. Er dient als eine Art ‚Leim' und wird später nach dem Versäubern als feine Linie sichtbar sein. Die breiter werdende Platte wird zwischendurch immer wieder mit zwei Holzleistchen vorsichtig zusammengedrückt, damit sich die Streifen gut miteinander verbinden.

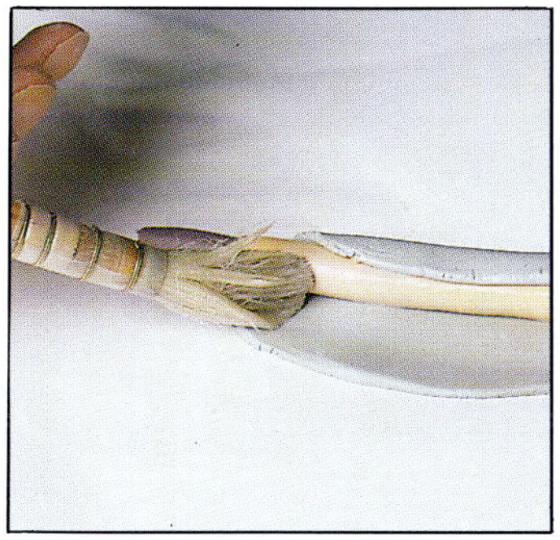

4 Hier werden unterschiedlich eingefärbte Tonplatten umeinandergewickelt und immer wieder angefeuchtet, damit sich die Schichten gut miteinander verbinden. Jede neue Schicht muß fest auf die vorhergegangene aufgerollt werden, um Luftblasen auszuschließen.

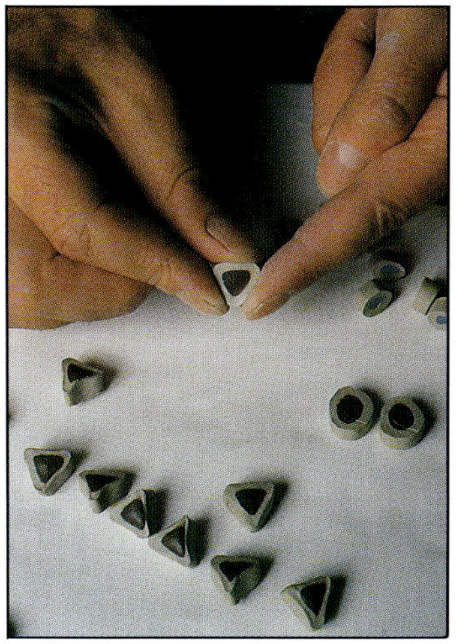

5 Diese Rollen werden dann in kleine Scheiben zerschnitten, die entweder rund belassen oder zu Drei- oder Vierecken oder anderen geometrischen Formen zusammengedrückt werden können.

6 Diese bunten Stückchen werden in einer Gußform oder einem anderen Gefäß zusammengesetzt. Jedes einzelne wird sorgfältig versäubert und an der richtigen Stelle fest angedrückt. Das Muster tritt in diesem Stadium nicht sehr deutlich hervor, das ändert sich erst mit dem Ausschaben.

7 Das Werkstück sollte sehr langsam trocknen, damit alle Einzelteile genug Zeit haben, sich gut miteinander zu verbinden. Es darf erst aus der Form genommen werden, wenn es fest genug ist, so daß es sich dabei nicht verzieht oder reißt.

8 Wenn der Ton schließlich lederhart ist, kann das Werkstück herausgenommen werden. Die Innenseite kann natürlich schon vorher versäubert werden. Man benutzt dazu eine runde Metallniere. Schleifpapier oder Stahlwolle kann man verwenden, wenn der Ton schon fester ist. Dabei sollte man eine Staubschutzmaske tragen.

9 Der blau eingefärbte Schlikker, der die einzelnen Teile miteinander verbindet, wird jetzt als feine Linie zwischen den Abschnitten sichtbar.

Diese beiden tiefen Schalen von Judith Wooton zeigen eine gelungene Kombination von Form und dekorativer Technik, die durch einen überlegten Einsatz von Mustern und Schichtstrukturen möglich wird.

Applikationen

Ton kann zusätzlich als dekorativer Effekt auf eine Oberfläche aufgebracht werden, solange diese noch nicht trokken ist. Sonst würden die aufgarnierten Teile wahrscheinlich beim Trocknen oder Brennen reißen und abplatzen.

Viele moderne Keramiker verwenden kleine Tonkügelchen oder tropfen- und punktförmige Applikationen sehr sparsam, um damit die Form einer Kannenschnauze, eines Henkels oder Deckels besser hervorzuheben, oder aber auch, um eine sehr schlichte Oberfläche damit aufzulokkern. Das Verzieren ganzer Flächen mit auf der Oberfläche aufgebrachten Mustern und reliefartigen Strukturen zieht sich durch die Geschichte der Töpferei bis heute.

Egal ob Sie ein Tonkügelchen anbringen wollen oder eine ganze Fläche mit einem Flachrelief verzieren wollen, immer wird die Oberfläche zuerst eingekerbt, dann Schlicker aufgetragen und danach erst die Applikation auf die entsprechende Stelle gedrückt.

Bei abstrakten oder nicht funktionalen Werkstücken bildet das Garnieren oft einen großen Teil der Arbeit. Denn bei solchen Stücken spielen diese ‚Zusätze' eine große Rolle für die gewünschte Form und Struktur und sind nicht nur rein dekoratives Element. Die Arbeiten von Colin Pearson zeigen das ganz deutlich: Die angebrachten ‚Flügel' sind mehr als ein rein dekoratives Anhängsel, sie sind ein wesentlicher Bestandteil des Gesamtwerkes.

1 Ein einziges Tonkügelchen schafft einen schönen Nebeneffekt, entweder um große glatte Flächen aufzulockern oder als eine Art ‚Punkt' nach einer eingeritzten Linie. Solche Tonapplikationen werden oft als schmückendes Element an Stellen eingesetzt, wo Henkel oder Schnauzen an dem Gefäßkörper ansetzen.

2 Eine flachgedrückte Tonkugel kann an Henkeln von Krügen und Tassen als Finger- oder Daumenhalt dienen.

Reliefartige Applikationen
Ganze Flächen können mit Mustern aus kleinen modellierten Tonformen, wie Kügelchen oder Röllchen, überzogen werden. Wenn weicher und feuchter Ton auf eine noch weiche Oberfläche aufgebracht wird, ist Schlicker nicht immer nötig. Ist die Oberfläche aber schon lederhart, dann muß etwas Schlikker aufgetragen werden.

▼ Die Applikationen verleihen diesem gedrehten Brottopf des Keramikers Kenneth Bright eine angemessene Oberflächenstruktur.

Ausspartechnik

Eine ganze Reihe von Materialien und Hilfsmitteln können zum Abdecken einzelner Bereiche einer Oberfläche verwendet werden. Wachs, Papier und auch andere Dinge wurden schon lange für diese Schablonen- oder Ausspartechnik genutzt. In den letzten Jahren setzte man auch zunehmend raffiniertere Materialien wie Latex oder Leim als Abdeckflüssigkeiten ein.

Im allgemeinen lassen sich diese ‚Schablonen' zu jedem Zeitpunkt auftragen. Einige eignen sich aber für ein ganz bestimmtes Stadium der Arbeit am besten. Wenn der Ton noch feucht ist, kann Papier in entsprechende Formen zerschnitten oder gerissen werden und als einfaches, aber ideales Abdeckmittel für die nachfolgende Engobe verwendet werden. Auch Wachsemulsionen eignen sich gut. Die Engobe darf jedoch nicht zu dick darübergestrichen werden, sonst wirkt das Wachs nicht mehr abstoßend genug (siehe *Engobe-Dekore*). Nach dem Schrühbrand (siehe *Brennen*) können Wachsemulsionen, Latex oder Leim aufgepinselt oder getröpfelt werden. Diese müssen abtrocknen oder aushärten, bevor Farben oder Glasuren aufgetragen werden (siehe *Farben* und *Glasieren*). Latex oder Leim aber müssen vor dem Brennen sorgfältig wieder abgezogen werden. Diese Ausspartechnik kann auch auf frisch glasierten Oberflächen angewandt werden, die dann noch einmal glasiert und gebrannt werden sollen.

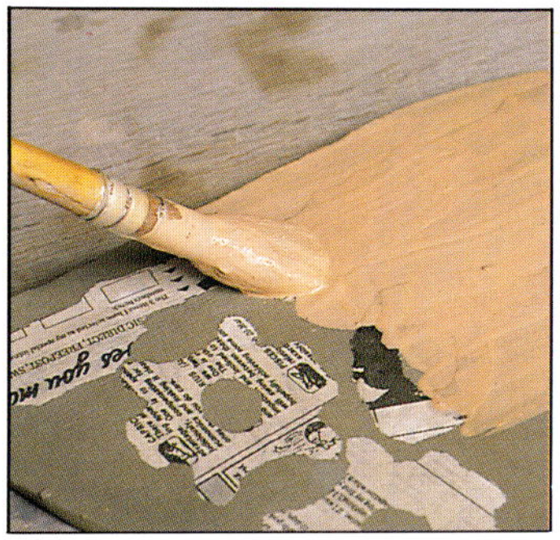

Papierschablonen

1 Leicht angefeuchtetes Papier ist das einfachste Mittel, um Engoben daran zu hindern, auf bestimmten Bereichen zu haften. Das Papier, am besten sehr saugfähiges, kann in Formen geschnitten oder gerissen werden. Darüber kann Engobe auf verschiedene Weisen aufgetragen werden, einschließlich Spritzen, Gießen und Bemalen.

2 Wenn die Engobe nicht mehr naß ist und man sie ohne Spuren zu hinterlassen berühren kann, wird das Papier mit einer Nadel angehoben und entfernt. Hier entstanden weiche Randzonen, weil das Papier gerissen wurde.

Für diesen sehr hübschen Teller mit Hahn nahm Josie Walter Papier, um die Hauptdekorationsfläche abzudecken und dann nach und nach verschiedenfarbige Engoben aufzumalen. Der Teller ist aus rotem Irdenwareton und wurde in einem elektrischen Ofen roh gebrannt.

Wachsausspartechnik

1 Flüssige Wachsemulsion läßt sich auf schon glasierte Flächen malen, um bestimmte Bereiche abzudecken. Die Pinsel müssen danach gründlich in heißem Wasser ausgewaschen werden.

Die Wachsausspartechnik spielt bei den Arbeiten von Peter Beard eine wichtige Rolle. Er trägt das Wachs mit Pinseln oder gemusterten Schwämmen auf die glasierte Oberfläche auf. Darauf baut er verschiedene Glasurschichten auf.
Die trockene Glasur, die er verwendet, verleiht seiner Arbeit eine attraktive Oberfläche.

2 Das hart gewordene Wachs stößt jede weitere Glasur oder in Wasser gelöste Farbe ab. So wird es zu einem sehr wirkungsvollen Hilfmittel bei der Gestaltung gemusterter Oberflächen.

Latexkleber

1 Latexkleber werden immer beliebter für diese Technik. Auch große Bereiche einer glasierten Fläche lassen sich damit abdecken. Und wenn der Kleber trocken ist, kann eine zweite Glasur- oder Farbschicht über die erste gestrichen werden. Hier wird gerade Eisenoxid aufgespritzt.

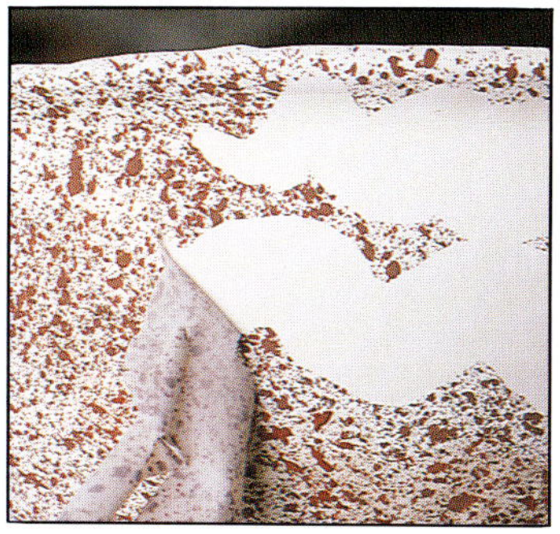

2 Ist die Fläche abgetrocknet, wird der Kleber abgezogen und hinterläßt scharfbegrenzte Bereiche, die nicht besprenkelt sind. Diese Bereiche können noch zusätzlich mit Glasuren oder Farben weiter dekoriert werden. Viele Keramiker gestalten auf den ausgesparten Flächen besonders lebhafte Muster, um Kontraste zu schaffen.

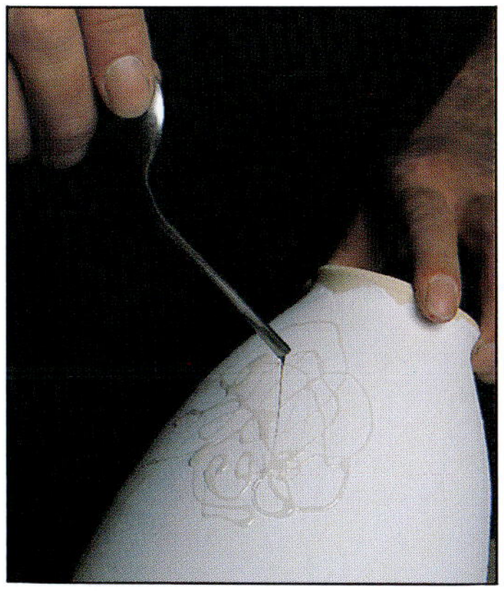

3 Die Viskosität einiger Kleber erlaubt ein freies Auftragen auf die glasierte Fläche. So entstehen sehr ausgeprägte, frei gestaltete Muster.

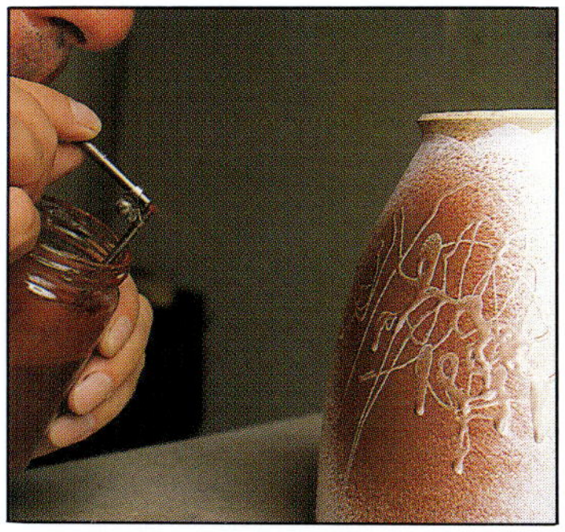

4 Weitere Glasurschichten oder Farboxide können aufgebracht werden, wenn der Latexkleber trocken ist. Hier wird Eisenoxid mit dem Mundzerstäuber auf die glasierte Oberfläche gesprüht.

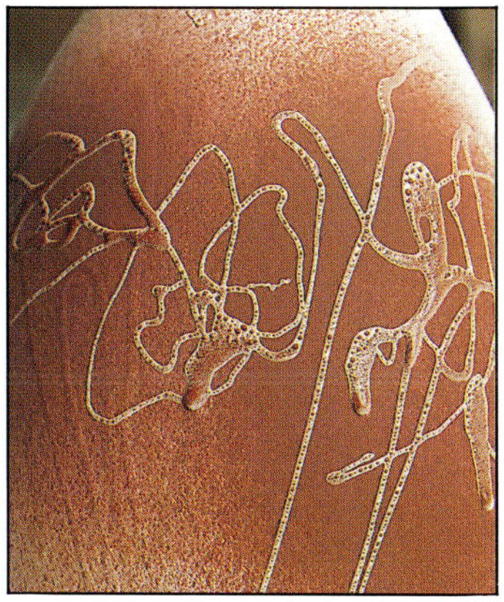

5 Diese Detailaufnahme eines Latexkleberauftrages zeigt die winzigen Tröpfchen des mit Eisenoxid versetzten Wassers, die sich auf der Oberfläche des getrockneten Klebers sammeln. Um diesen Effekt zu bewahren, wird der Kleber nicht abgezogen. Er brennt weg.

Die Oberfläche dieses Gefäßes überzog der Autor mit einer Mischung aus Kleber und dunkelbrauner Engobe. Das Linienmuster wurde dann mit einer mattweißen Steinzeugglasur überdeckt und in einem elektrischen Ofen gebrannt. Die braune Engobe tritt deutlich hervor.

Beklopfen

Solange Ton noch weich und elastisch ist, kann er auf Druck reagieren. Durch wiederholtes Beklopfen, egal mit welchem Gegenstand (es können auch einfach die Hände sein), wird er seine Form verändern. Manche Töpfer beklopfen die Seiten ihrer rund-gedrehten Gefäße, um ebene Flächen zu schaffen (siehe *Facettieren*). Bei Aufbaukeramik ist das Klopfen eher eine Methode des Ausformens. Durch Beklopfen wird die Tonwandung dünner und dehnt sich aus. Eventuelle Nahtstellen werden dabei gut zusammengedrückt. Das vielleicht größte Potential dieser Methode aber liegt darin, daß das Beklopfen einer Tonoberfläche mit einem Gegenstand auf ihr Spuren hinterläßt. Und genau das kann dazu verwendet werden, Oberflächen auf vielfältige Weise zu strukturieren. Die Grenzen liegen nur im eigenen Vorstellungsvermögen, denn alles und jedes kann zum Klopfwerkzeug werden. Man könnte das Klopfen als eine Art *Stempeldekoration* bezeichnen. Es ist aber eine Technik, mit der sehr viel weichere und ungezwungenere Oberflächenmusterungen geschaffen werden können.

1 Beim Aufbauen mit Tonwürsten kann das Beklopfen dazu dienen, dicke Bereiche auszudünnen und gleichzeitig das Gefäß noch wachsen zu lassen. Außerdem verbinden sich die einzelnen Tonwürste besser miteinander.

2 Die Form eines gedrehten Gefäßes kann durch Beklopfen stark verändert werden, allerdings nur solange der Ton noch weich und so nachgiebig ist, daß er dabei nicht reißt. Man kann tatsächlich alles zum Beklopfen verwenden. Jedoch sollte die Oberfläche des Gegenstandes eher porös sein.

3 Die weiche, elastische Tonoberfläche ist ideal für Strukturen.
Hier wurde ein scharfkantiges Stück Holz zum Beklopfen verwendet.

4 Klopfschlegel aus Holzlatten, die mit feiner oder grober Schnur umwickelt wurden, hinterlassen feine oder derbe Spuren in dem weichen Ton.

5 Den verschiedenen Oberflächenstrukturen und -mustern sind beim Beklopfen keine Grenzen gesetzt. Solche Oberflächen können die Basis für sehr interessante Arbeiten sein (siehe *Plattentechnik*).

6 Hier entstand durch Beklopfen ein sehr feinstrukturiertes Muster.

Bemalen

Beinahe jede Maltechnik kann auf Ton angewandt werden, solange keramische Farbstoffe oder spezielle Keramikstifte oder -kreiden verwendet werden. Die vielen Trocken- und Brennstadien bieten noch zusätzliche Möglichkeiten der Oberflächengestaltung, da zu jedem Zeitpunkt etwas aufgemalt werden kann.

Solange der Ton noch plastisch ist, kann mit allem, was eine Spur hinterläßt, auf die Oberfläche gezeichnet werden.

Die Oberfläche des Tones ändert sich, wenn sie ganz trocken ist oder schrühgebrannt wurde. Auch in diese Flächen kann man noch hineinritzen. Ein besseres Resultat aber erzielt man, wenn man solche Flächen mit färbenden Metalloxiden oder Unterglasurfarben, mit Wasser vermischt (siehe *Farben*), oder keramischen Stiften bemalt. Die Tonoberfläche ist in diesem Zustand sehr aufnahmebereit und reagiert ähnlich wie Löschpapier, wenn die Farben mit viel Wasser verdünnt werden.

Üblicherweise wird eine Tonoberfläche direkt nach dem Glasieren, aber vor dem Glattbrand bemalt. Die Fläche nimmt die mit Wasser angerührten Farbpigmente so auf wie Aquarellpapier. Die Farblinie sinkt beim Brennen in die Glasur ein und verbindet sich mit ihr. So entsteht eine weiche Farblinie. Viele Farben können verwendet werden, einschließlich verschiedener Glasuren, die mit dem Pinsel oder dem Malhorn aufgetragen werden können (siehe *Glasieren* und *Engobe-Dekore*).

Einritzen mit einem scharfen Werkzeug

1 Solange der Ton noch weich oder lederhart ist, können mit einem spitzen Gegenstand Linien in die Oberfläche geritzt werden. Diese Ritzspuren bleiben gut sichtbar. Man kann sie entweder so stehenlassen oder als Umrißlinien für Bereiche, die später noch mit Farbe gefüllt werden sollen, nehmen.

2 Eingeritzte Zeichnungen lassen sich auch zu einem Flachrelief aufbauen, wenn der Ton noch weich genug dafür ist.

Mit dem Pinsel bemalen

1 Nach dem Schrühbrand können mit einem Pinsel Bilder auf die poröse Oberfläche gemalt werden.

2 Beim Auftragen einer transparenten Glasur werden die Bilder zunächst verschwinden. Nach dem Brand werden sie jedoch in aller Deutlichkeit wieder hervortreten.

Weißglasierte Flächen sind ideal zum Bemalen und Dekorieren, der Fischteller von Andrew McGarva zeigt das.

Bespritzen

Farbe kann auf gebrannte oder ungebrannte Ware auch grob aufgespritzt werden. Diese Methode wurde seit Mitte des 19. Jahrhunderts in England auf glasierter Irdenware angewandt.

Man kann zum Aufspritzen der Farbe natürlich auch eine Spritzpistole oder einen Zerstäuber nehmen. Es gibt jedoch auch einfachere Methoden, die es wert sind, ausprobiert zu werden. Sie können in manchen Fällen gezielter eingesetzt werden. Mit einem steifen Borstenpinsel oder einer alten Zahnbürste kann man Engoben oder andere Farben aufspritzen, einfach indem man über die mit Farbe getränkten Borsten streicht. Ein Zerstäuber ist ideal zum Aufbringen von färbenden Metalloxiden. Die Mischung muß aber immer wieder umgerührt werden, damit sich die Oxide nicht am Boden des Behälters absetzen. Engoben oder Glasuren sind für diese Art des Aufspritzens zu schwer, außer sie sind extrem dünnflüssig.

Das Bespritzen einer Oberfläche mit Farbe schafft interessante Effekte, vor allem wenn man es mit der *Ausspartechnik* kombiniert.

1 Farben und Engoben lassen sich mit einer steifen Bürste sehr gezielt auf eine Fläche aufspritzen. Alte Zahnbürsten sind ein geradezu ideales und billiges Hilfsmittel

2 Wenn nur kleine Flächen bespritzt werden müssen, ist der Zerstäuber das richtige Gerät, um eine Farboxidmischung aufzusprühen.

Blaue Engobe wurde auf diese hohe Flaschenform gepinselt, bevor eine pastellfarbene Engobe mit einer Zahnbürste aufgespritzt wurde. Der Autor polierte die Oberfläche noch, dann wurde sie geschrüht. Die Intensität der Sprenkelung kann beim Aufspritzen sehr gut kontrolliert und gesteuert werden.

Mit Brennen bezeichnet man den Vorgang, bei dem Ton oder Ton und Glasur im Ofen kontrollierter und gleichbleibender Hitze ausgesetzt wird.

Der Schrühbrand

Schrühbrand nennt man den ersten Brennvorgang, bei dem der Ton zu einem festen Scherben umgewandelt wird. Dieser Brand geht üblicherweise dem *Glasieren* voraus. Ganz gleich welche Art Brennofen Sie benützen, das Grundprinzip bleibt dasselbe. Alle Teile sollten vor dem Brennen genügend Zeit gehabt haben, so trocken wie möglich zu werden.

Besonders dickwandige Stücke läßt man eventuell in dem vorgeheizten Brennofen noch durchtrocknen. Für den Schrühbrand sollte die Ware so dicht wie möglich in den Ofen eingeräumt werden. Die Stücke dürfen sich berühren, aufeinander oder ineinander stehen oder Rand auf Rand gestapelt werden.

Schrühbrände liegen in der Regel in einem Temperaturbereich von 900 bis 1100 °C, je nachdem, was für ein Ton verarbeitet wurde und welcher Grad der Porosität erreicht werden soll. Je höher die Temperatur, desto geringer ist die Porosität! Die Tonhersteller liefern oft für bestimmte Tonsorten eine Brennempfehlung mit. Die Anfangsphase des Brennvorganges ist die kritischste, da der ‚trockene' Ton immer noch einen hohen, chemisch gebundenen Wasseranteil hat, der beim Brennen aus den Poren verdampft. Dies muß langsam geschehen, sonst werden eventuell Tonteile abgesprengt. Die Hitze sollte sich in dem Ofen sehr langsam aufbauen, bis eine Temperatur von mindestens 600 °C erreicht ist. Danach kann sie schneller ansteigen.

Die moderne Technik bietet dem Töpfer heute Temperaturkontroll- und Überwachungsgeräte, wie Temperaturregler, Pyrometer, Thermoelemente an. Sie können vorgeschaltet und so programmiert werden, daß die Temperatur in einer festgelegten Geschwindigkeit gesteigert, gehalten oder abgesenkt wird.

Email- oder Dekorbrand

Emailfarben bieten dem Keramiker eine enorme Farbenvielfalt. Sie werden vor Auftragen mit einem speziellen Hilfsmittel vermischt und oft sogar als fertige sogenannte Transferdekore angeboten. Das sind Abziehbilder, die, nachdem das Trägerpapier durch Anfeuchten mit warmem Wasser entfernt wurde, auf eine schon glasierte Oberfläche aufgebracht und dann eingebrannt werden. Emailfarben werden zwischen 700° und 900 °C gebrannt. Einige Farben vertragen auch höhere Temperaturen. Der Brennofen muß auf die erforderliche Schmelztemperatur der unterliegenden Glasur eingestellt werden, jedoch ohne daß die Aufglasurfarbe verbrennt. So schmilzt diese in die Oberfläche der unteren Glasur ein.

In reduzierender Ofenatmosphäre können blutrote Farben durch in den Glasuren enthaltene Kupferoxide entstehen, so wie hier auf dieser Schale von Jo Burton.

Glasur- oder Glattbrand

Das ist der auf den Schrühbrand und das *Glasieren* der Ware folgende zweite Brand, bei dem die Glasur mit dem Scherben verschmilzt.

Die folgenden Temperaturangaben sind Erfahrungswerte:

Irdenware (einschließlich rote und Terrakottatone): 900 °–1100 °C; hochgebrannte Irdenware: 1100°–1200 °C; Steinzeug und Porzellan: 1200 °–1400 °C.

Beim Einräumen des Ofens für einen Glattbrand muß sehr vorsichtig vorgegangen werden. Anders als beim Schrühbrand dürfen sich die Gefäße beim Glattbrand nicht berühren, sonst kleben sie durch das Schmelzen der Glasuren aneinander. Auch dürfen die Böden oder Fußringe von sehr hoch gebrannter Ware nicht glasiert sein, sonst backen sie an den Einsetzplatten fest.

Das Aufheizen des Ofens kann beim Glattbrand schneller geschehen als beim Schrühbrand. Ist die erforderliche Spitzentemperatur aber erreicht, muß die Temperatur länger gehalten werden, sodaß die Glasur richtig schmelzen und ‚verglasen' kann.

Beim Glattbrennen rohglasierter Ware (siehe *Glasieren*), bei der der Schrühbrand entfällt, muß die Temperatur langsam bis auf 600 °C ansteigen, danach kann normal weiter gebrannt werden.

Kristallglasuren

In Glasuren, die Zink- und Titanoxide enthalten, können sich große Kristalle ausbilden. Diese Oxide sind eine Art Keim für das Wachsen der Kristalle. Das Brennen von Kristallglasuren erfordert sorgfältige Temperaturkontrolle. Der Ofen muß schnell auf Steinzeugtemperaturen aufgeheizt werden, damit die Glasur flüssig wird (denn der Flüssigkeitsgrad der Glasur ist entscheidend für das Bilden der Kristallstrukturen), und danach wieder schnell auf eine Temperatur von ca. 1100 °C abgekühlt werden. Diese Temperatur wird dann bis zu 5 Stunden lang gehalten. Dies ist die Temperphase. Während dieser Zeit bilden sich die Kristalle aus.

Die bewußte Leichtflüssigkeit der Kristallglasuren erfordert zusätzliche Vorsichtsmaßnahmen, damit diese nicht am Gefäß herunterlaufen und auf der Einsetzplatte im Ofen festbacken.

Meist werden speziell vorgefertigte Brennringe oder -platten unter die Gefäße gesetzt, die die ablaufende Glasur auffangen. Die überschüssige Glasur wird nach dem Brennen dann von den Fußringen oder Standflächen abgeschliffen.

Oxidation

Die Atmosphäre, die im Ofen während des Brennvorgangs herrscht, entscheidet mit über das Erscheinungsbild der Ware. In elektrischen Brennöfen, in denen keine direkte Verbrennung stattfindet, herrscht eine ausreichend mit Sauerstoff angereicherte Atmosphäre. Sie führt zum vollständigen Garbrennen und zur Verschmelzung der im Ton und in der Glasur enthaltenen Metalle. Da bei diesem Vorgang Kohlendioxid frei wird, nennt man es eine oxidierende Ofenatmosphäre. Eine oxidierende Ofenatmosphäre bewirkt eine klare, nicht gesprenkelte Oberfläche und Farben, die durch in der Glasur enthaltene Eisenoxide von Hell- bis Dunkelbraun reichen. Sie erzeugt aber auch Grüntöne, wenn die Glasur Kupferoxide und -karbonate enthält.

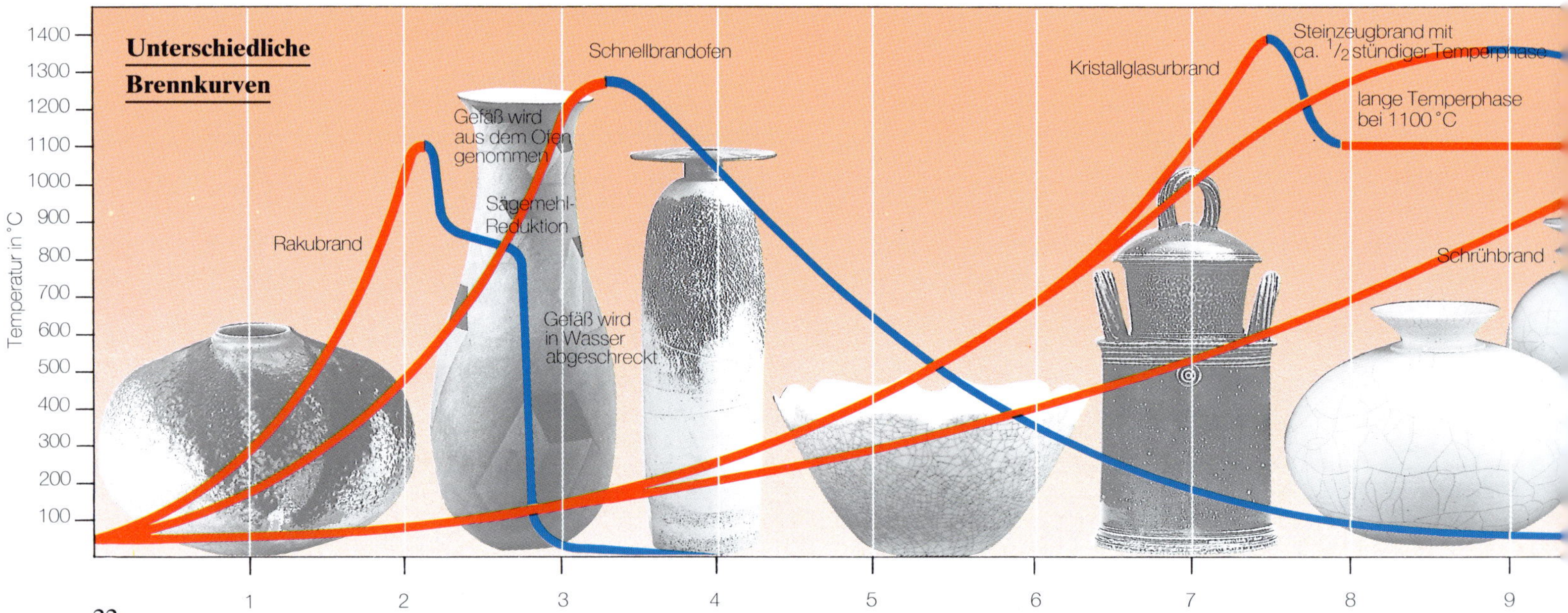

Reduktion

Eine reduzierende Atmosphäre entsteht in einem Ofen, der mit Brennstoffen wie Gas, Öl, Holz usw. beheizt wird. Dadurch entsteht in der Ofenkammer ein Sauerstoffmangel, der eine vollständige Verbrennung verhindert. Es bildet sich Kohlenmonoxid, das bei starker Hitze den Metalloxiden der Tonmasse und der Glasur den Sauerstoff entzieht. Für eine reduzierende Ofenatmosphäre typische Ergebnisse sind zum einen die deutliche Sprenkelung der Oberfläche durch das aus der Glasur austretende Eisenoxid. Zum anderen sind es die hellblauen oder -grünen Seladonglasuren, die durch geringe Mengen von Eisenoxid in einer Steinzeugglasur entstehen, oder auch die tiefen Rottöne der sogenannten Sang-de-Bœuf-Glasuren.

◄ Sogar in nicht besonders großen Brennöfen kann eine erstaunliche Menge verschieden großer Töpfe und Gefäße schrühgebrannt werden, da die Stücke sich ruhig berühren dürfen.
Durch das Rand-auf-Rand-Stapeln, das sogenannte ‚Bördeln' von Gefäßen gleicher Größe, läßt sich der verfügbare Raum intensiv ausnützen. Man kann auch kleinere Gefäße in größere hineinsetzen.

▼ Der Brennvorgang ist von den vielen Arbeitsgängen bei der Töpferei sicherlich einer der wichtigsten. Ton, der nicht gebrannt ist, kann nicht als Töpferware oder Scherben bezeichnet werden. Die vielen unterschiedlichen Brände, denen man den Ton unterziehen kann, haben auch verschiedene Resultate zur Folge. Auch der Brandverlauf muß auf die gewünschten Effekte und auf die Art des Brennofens abgestimmt werden.

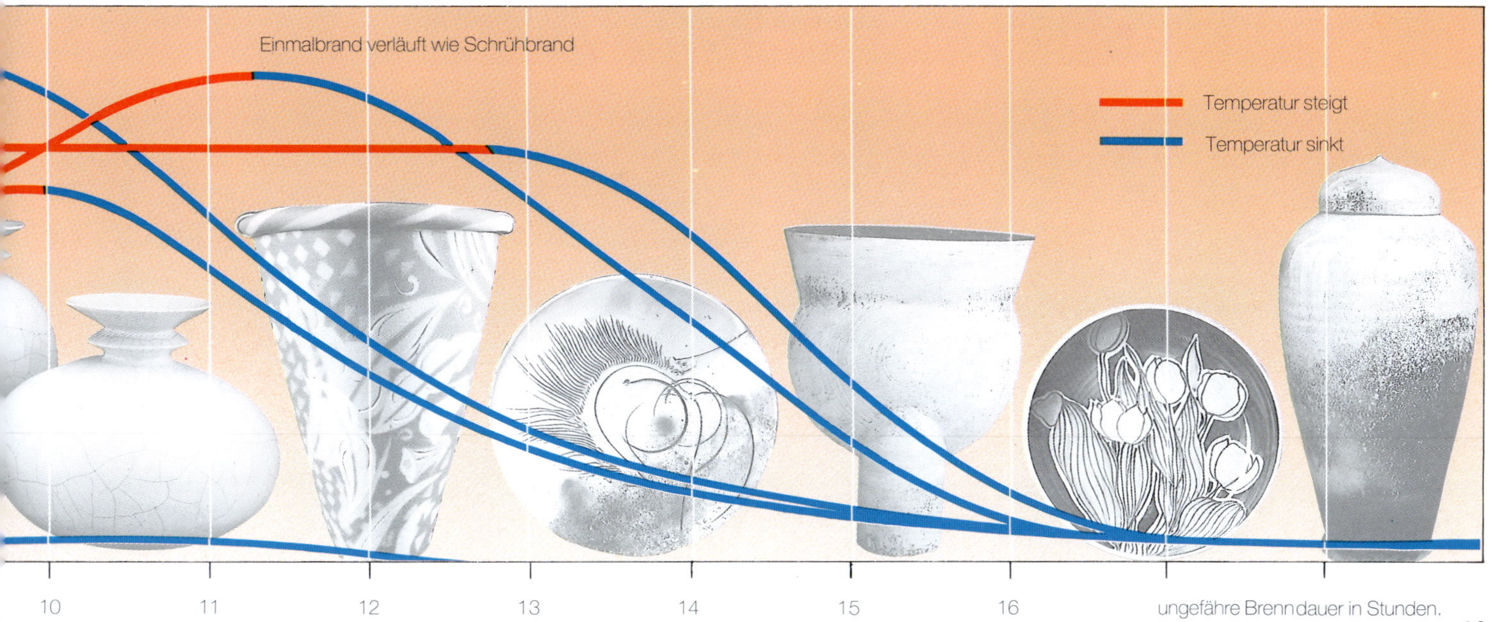

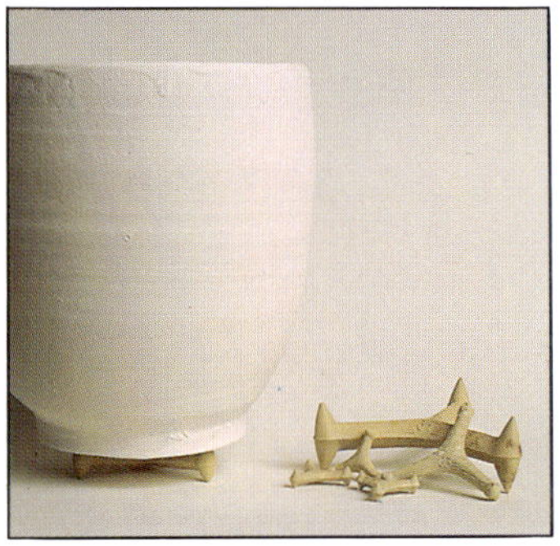

Vorbereitungen für den Glattbrand

1 Diese Schale ist bereits schrühgebrannt. Auf den Fußring wird nun Wachs aufgestrichen, damit dort keine Glasur haftenbleibt.

2 Dreifüße sind in verschiedenen Größen erhältlich. Auf sie werden die Gefäße während des Glattbrandes gestellt, wenn die Glasur auch die Standflächen bedeckt. Man kann jedoch diese Hilfsmittel nur bis zu einer bestimmten Brenntemperatur (ungefähr wie für Irdenware) einsetzen. Bei höheren Temperaturen zerfallen sie.

◄ Die runde Vase von Barbara Cass ist ein gutes Beispiel für die Auswirkungen einer reduzierenden Ofenatmosphäre auf eine Tonmasse, die viel Eisen enthält. Das Eisenoxid tritt aus dem Ton aus und schlägt durch die Glasur. Es produziert so eine charakteristische Sprenkelung.

▲ Um solche Effekte einer Kristallglasur zu erzielen, bedarf es einer genauen Kontrolle der Brenntemperatur. Die großen Kristalle auf dieser Porzellanvase von Elsie Blumer wurden durch eine mehrstündige Temperphase erreicht, nachdem die anfängliche Steinzeugtemperatur auf unter 1100 °C abgesunken war.

Daumenschälchen

Dies ist eine der einfachsten und direktesten Tonaufbautechniken und vermittelt einen sehr unmittelbaren Bezug zum Werkstoff Ton. Jeder Ton eignet sich dafür, solange er weich und elastisch genug ist. Immer neue Formen und Gestalten können unter dem Druck der Finger entstehen, von dünnen, hohen bis zu flachen, offenen Gefäßen. Die Tonkugel wird dabei in der Hand gehalten und gedreht, während Daumen und Finger der anderen Hand die Wandung möglichst gleichmäßig dick ausformen. Ein Fuß kann gebildet werden, indem die Tonform an einer Kante entlanggerollt oder ein dünner Tonstreifen zu einem Kreis gefügt und angesetzt wird. Die Ränder der Gefäße können ungleichmäßig oder wellenförmig abschließen. Es ist dieser Technik völlig angemessen, weil sie oft für sehr natürliche und organische Formen verwendet wird. Das zeigen die Arbeiten von Mary Rogers und Alan Wallwork. Es kann jedoch auch ein gerade abschließender Rand geschaffen werden, indem man ihn mit einem scharfen Messer oder einer Nadel gerade abschneidet. Kleine kugelförmige Körper entstehen, wenn man zwei gleich große Schalen Rand auf Rand aufeinandersetzt.

1 Ein nur mit Fingerdruck geformtes Gefäß entsteht, indem eine kleine weiche Tonkugel in der einen Hand gehalten und mit dem Daumen der anderen ein Loch in die Mitte gedrückt wird. Während Sie die Kugel langsam drehen, drücken Sie den Ton dünner.

2 Fangen Sie unten an und lassen Sie Ihre Finger langsam nach oben wandern, während Sie die Tonwandung dünner drücken. Das Ausformen sollte langsam erfolgen, damit eine gleichmäßig dicke Wandstärke entsteht.
Der Rand kann besonders dünn ausgeformt werden und sich nach außen hin erweitern oder auch wellig abschließen. Das paßt gut zu den natürlichen Formen so gestalteter Gefäße.

3 Ein Fußring kann an die Standfläche angesetzt werden. Hier wird ein dünn ausgerollter schmaler Tonstreifen mit etwas Schlicker angesetzt. Die Nahtstelle wird mit einem Modellierhölzchen verstrichen.

Eine kleine Vase entsteht

1 Eine enge Form entsteht, wenn man den Ton über den Daumen zuerst nach oben zieht und dann das Gefäß mit Daumen und Finger langsam ausformt, während es in der Hand gedreht wird.

2 Hat sich eine Form schon zu sehr geweitet, kann der Rand in Falten gelegt und die Form mit Daumen und Fingern wieder zusammengedrückt werden. Die auf diese Weise verdickte Wandung kann dann weiter nach oben gezogen werden.

3 Passen Sie am oberen Rand des Gefäßes auf! Das Ausdünnen des Randes ist eine heikle Angelegenheit. Die Grundfläche kann durch Ziehen zu einem kleinen Sockel geformt werden. Dieser muß aber breit genug sein, um das Gefäß halten zu können. Manchmal wird es nötig sein, das Gefäß zum Aushärten in ein Behältnis zu stecken. Im lederharten Zustand kann es versäubert werden.

Deckel

Deckel werden meist gedreht oder gegossen (siehe *Gießen* und *Drehen*). Gute Deckel stehen in einer natürlichen Beziehung zum Gefäßkörper und bilden mit ihm zusammen eine ästhetische Einheit. Also muß der Deckel in die Planung von vornherein mit einbezogen werden. Gedrehte Deckel sollten zudem gleichzeitig mit dem Gefäß gedreht werden, damit sie später gut sitzen, da sie in gleichem Maß schwinden.

Obwohl Deckel in ihrer Form und Funktion ganz unterschiedlich sein können, gibt es eigentlich nur wenige Grundtypen, auf denen andere Formen aufbauen. Jeder Deckel soll gut sitzen. Das wird meist durch eine angedrehte Gefäßlippe und einen Deckelsitz oder -falz am Gefäß erreicht. Und genau darin unterscheiden sich die verschiedenen Deckelformen.

Einfache, aufliegende Deckel entstehen, indem eine geschlossen gedrehte Form aufgeschnitten wird. Sie werden im lederharten Zustand mit einem scharfen Messer in einer wellenförmigen Linie von der Gefäßform abgeschnitten. Es kann aber auch gleich ein Deckelfalz mit angedreht werden, der später zurechtgeschnitten wird, wenn der Ton lederhart ist. Eine andere Deckelform ist die übergreifende, schlichte Kuppelform, die über den Rand des Gefäßes gestülpt wird. Eine sehr deutlich ausgeprägte Gefäßschulter, auf der der Deckel aufsitzt, ist das Merkmal dieses Deckeltyps. Ähnliche Deckel können auf innenliegenden Falzen oder Schultern aufsitzen.

Hat der Rand eines Gefäßes keinen solchen Deckelsitz, muß der Deckel einen Kragen haben, der in die Öffnung des Gefäßes hineinpaßt. Diesen Deckeltypus kann man auf den Kopf gestellt drehen. Er wird dann zu einem späteren Zeitpunkt mit einem Knauf versehen (siehe *Henkel*). Er kann aber auch andersherum abgedreht werden.

Dieser geschwärzte und mit Lüster überzogene Ingwertopf von Gerry Unsworth zeigt einen solchen übergreifenden Kuppeldeckel.

Einfache Deckelvarianten

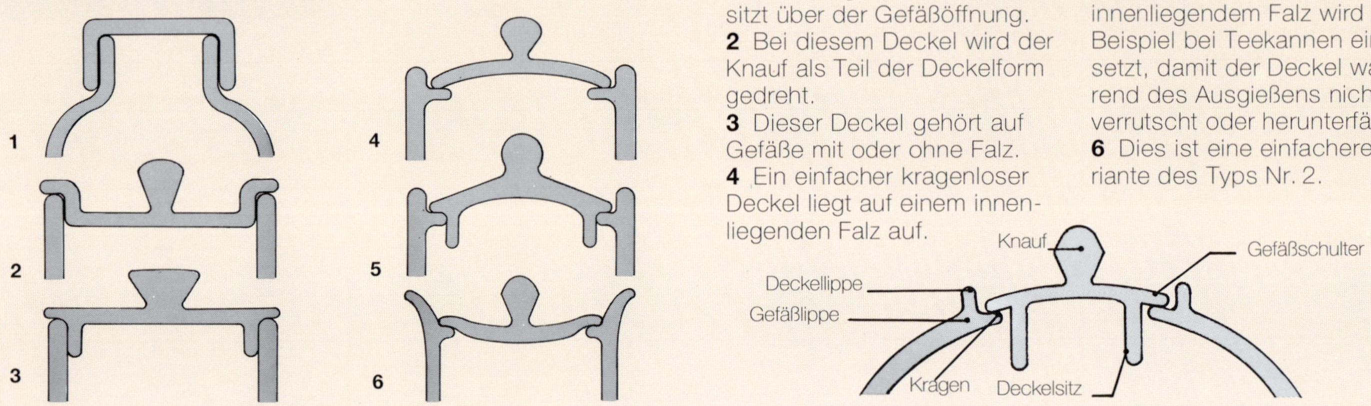

1 Ein übergreifender Deckel sitzt über der Gefäßöffnung.
2 Bei diesem Deckel wird der Knauf als Teil der Deckelform gedreht.
3 Dieser Deckel gehört auf Gefäße mit oder ohne Falz.
4 Ein einfacher kragenloser Deckel liegt auf einem innenliegenden Falz auf.
5 Ein Deckel mit Kragen und innenliegendem Falz wird zum Beispiel bei Teekannen eingesetzt, damit der Deckel während des Ausgießens nicht verrutscht oder herunterfällt.
6 Dies ist eine einfachere Variante des Typs Nr. 2.

Drehen eines einfachen Deckels

1 Der einfachste Deckel ist nicht mehr als eine flache Schale, die umgedreht eine Verschlußkappe bildet. Solche Deckel werden entweder über den Gefäßrand gestülpt oder auf einen im Gefäß liegenden Falz gesetzt.

2 Um einen Kragen an einen einfachen Deckel zu drehen, verdicken Sie zuerst den Randbereich. Durch gleichmäßigen Druck auf den äußeren Bereich formen Sie die Deckellippe.

3 Hier wird dem Kragen mit einem senkrecht darangehaltenen Holz seine präzise Form gegeben. Man unterstützt dabei die Deckellippe mit dem Finger.

4 Deckel, die verkehrtherum gedreht wurden, brauchen noch einen Knauf oder Griffknopf. Das kann ein Stück einer Tonrolle sein oder ein Knauf, der direkt auf den Deckel gedreht wird.
Zentrieren Sie den Deckel auf der Drehscheibe, und befestigen Sie ihn dort mit etwas weichem Ton. Die kleine Tonkugel für den Knauf wird aufgerauht und mit etwas Schlicker auf den Deckel gesetzt.

5 Mit einem Minimum an Wasser wird die Knaufform aus dem weichen, aufgesetzten Ton gedreht.

Diese dickwandig gedrehte Schüssel von Seth Cardew zeigt einen gutsitzenden Deckel, der in seiner gewölbten Form die Form der Schüssel aufnimmt und weiterführt. Es handelt sich hier um eine mit Kobaltoxid bemalte weiße Steinzeugglasur, die im Holzofen gebrannt wurde.

Drehen eines Deckels mit Knauf

1 Bei Deckeln, die richtig herum gedreht werden, wird der Knauf gleich mitgedreht. Brechen Sie den Ton etwas außerhalb der Mitte auf, so daß sich beim Herunterdrücken in der Mitte ein kleiner Hügel bildet.

2 Ziehen Sie den Ton auf die gewünschte Breite aus. Lassen Sie dabei am Rand zwischen Ihren Fingern einen Wulst entstehen.

3 Der Knopf kann entweder massiv oder hohl geformt werden. Letzteres geschieht durch ein Hineindrücken des Daumens. Die untere Kante kann man noch scharfkantig abdrehen, bevor man den Deckel von der Scheibe nimmt.

Drehen eines Sitzfalzes

1 Viele Gefäße brauchen einen gutsitzenden Deckel. Dies wird durch einen Sitzfalz erreicht. Verdicken Sie den Rand des Gefäßes, indem Sie mit dem Zeigefinger der einen Hand auf den Rand drücken, während Daumen und Zeigefinger der anderen Hand den Rand stützen.

2 Der verdickte Rand wird dann mit dem Fingernagel aufgespalten. Der innere Teil wird hinuntergedrückt, um so den Falz zu bilden, dabei aber gleichzeitig von unten unterstützt.

3 Mit einem geeigneten Werkzeug wird der Falz sauber ausgeformt, so daß er waagrecht zur Wandung sitzt.

Dekore

Das Hineinschneiden in eine bzw. das Durchstoßen einer Tonwandung ist eine Möglichkeit der Flächengestaltung. Diese Technik wurde schon im 12. Jahrhundert in Persien angewandt und wahrscheinlich von den Silberschmieden übernommen.

Der Ton sollte lederhart sein, wenn er durchbrochen wird. Ein scharfes Messer oder ein Locheisen sind die richtigen Werkzeuge dafür. Da das Werkstück dabei ziemlich geschwächt wird, muß man darauf achten, die Löcher nicht zu dicht an- oder nebeneinanderzusetzen. Auch sollte das Stück während der Arbeit ständig von außen unterstützt werden. Beim Durchstechen entstehen oft scharfe Kanten, die mit einem feuchten Schwamm vorsichtig abgerundet werden können, wenn sie nicht absichtlich so bleiben sollen.

Man kann aber auch die durchbrochene Fläche mit Stahlwolle versäubern, wenn der Ton trocken genug geworden ist. Dies ist jedoch ein risikoreiches Unterfangen und kann mit Bruch enden.

Für sich wiederholende oder stilisierte Muster werden Schablonen zum Aufzeichnen und Einritzen der Formen verwendet (siehe *Schablonen*).

Ganz kleine durchgestochene Löcher werden sich beim Glasieren füllen und einen durchschimmernden Effekt erzeugen. Im Persien des 12. Jahrhunderts versuchte man so die Durchsichtigkeit der chinesischen Sung-Porzellane zu imitieren.

1 Eine Auswahl verschiedener scharfer Messer und Locheisen wird zum Durchbrechen benötigt.

2 Erst wenn der Ton lederhart ist, darf mit dem Durchbrechen und Ausschneiden begonnen werden. Während der Arbeit muß das Werkstück immer gut abgestützt werden. Löcher und Ausschnitte sollten vorher eingeritzt werden. Unerwünschte scharfe Kanten können mit einem Messer entfernt oder mit einem feuchten Schwamm geglättet werden.

3 Löcherbohrende Werkzeuge gibt es in verschiedenen Größen zu kaufen. Sie sollten immer daran denken: Je mehr Ton Sie weg- oder ausschneiden, desto schwächer und instabiler wird die Form. Dadurch wächst die Gefahr, daß das Stück zerbricht.

Diese Porzellanschale mit einem Durchmesser von beinahe 25 cm ist ein meisterhaftes Beispiel der durchbrochenen Dekoration. Peter Lanes Schale vermittelt den Eindruck ineinander verschlungener Äste und Baumkronen. Seine Ausführung ist die direkte Umsetzung von Strukturen der Natur.

Dekor-Techniken

Die Welt der Töpferei und der Keramik ändert sich so schnell, daß es schwierig, wenn nicht unmöglich ist, mit den neuesten Stil- und Dekorentwicklungen Schritt zu halten. Gute Keramiker kennen sich mit den zur Norm gewordenen Techniken aus. Daneben beschäftigen sie sich manchmal auch mit alten, vielleicht vergessenen oder unbekannten Methoden anderer Kulturen. Mitunter entstehen dadurch neue Einsichten und Erkenntnisse.

In den letzten Jahren konnte man einen erfreulichen Anstieg der Literatur über Töpferei und Keramik feststellen. Diese Bücher beweisen, wie sehr die Keramiker dabei sind, ihre bisherigen Grenzen zu sprengen und zu erweitern. Die neue, positive Einstellung gegenüber der Rolle, die der Designer im Bereich der Kunsterziehung und des Handwerks spielt, ist ein weiterer Einflußfaktor. Viele Töpfer haben heute einen eher künstlerischen als handwerklichen Ausbildungshintergrund. Sie haben in der Keramik und Töpferei eine Möglichkeit gefunden, sich auszudrücken. Früher wurden manche Ideen und Vorhaben gebremst, weil ein bestimmtes Ergebnis gar nicht möglich war. Heute ist das anders: Die Hersteller liefern ausgezeichnete Materialien und eine immer noch wachsende Anzahl an Farben. Das ist sicherlich auch der Grund für die zunehmend ausdrucksstarken, farbreichen Dekormalereien, die man heute auf vielen Töpferwaren finden kann.

◄ Die farbintensive Bemalung dieses Geschirrs entstand durch die geschickte Hand der Töpferin Janice Tchalenko. Sie trug Wesentliches zum Aufbau der Dart-Töpferei als kommerziell ausgerichteter Betrieb bei und hat ihre Wurzeln immer noch in Ateliertraditionen. Dieses leuchtende Dekor wurde durch eine Kombination von Pinsel-, Malhorn- und Schwammtechnik erzielt.

► Die ausgefeilte Dekortechnik von John Glick besteht aus sich überlagernden, unterschiedlich gefärbten Glasurschichten, auf die zusätzlich noch Farbe in Form von Oxiden und Farbpulvern aufgebracht wurde. So entstand eine farbreiche und sehr lebendige Fläche.

◄ Die präzisen, mit Engobe bemalten Oberflächen der in Aufbautechnik hergestellten Vasen von Elizabeth Fritsch sind sorgfältig geplant. Durch geometrische Formen entstehen optische Täuschungen, die das Auge des Betrachters gezielt verwirren sollen.

▼ Die Arbeit von Dennis Parks enthält erzählerische Momente, die durch die sehr sorgfältig bemalte Oberfläche wiedergegeben werden. Dieser große gedrehte Teller mit ca. 51cm Durchmesser trägt den Titel ‚Geschichte eines Flakons‘.

▲ John Gibsons Dekortechniken Kämmen, Bedrucken, Abdecken und verschiedene andere Methoden des Farbauftragens und Applizierens werden alle ausgeführt, wenn das Werkstück noch ‚grün' ist, so nennt man den Trokkenzustand vor dem Schrühbrand. Sie verbinden sich zu einer sehr dekorativen und funktionalen Oberflächengestaltung.

◄ Daphne Carnegys mit dem Pinsel aufgetragenen Aufglasurfarben, oder Majolika, lassen an die Tradition der zinnglasierten Töpferware denken, die man in ganz Europa finden kann. Ihre Formen und ihre malerische Gestaltung der Oberfläche verleihen den Arbeiten jedoch einen modernen Charakter.

► Die von Jo Connell angewandte Einlegetechnik ist Teil des Aufbauprozesses. Die großen Motive und die stark kontrastierenden Tonfarben schaffen ein kräftiges und klares Muster.

Design

Der Begriff Design kann sich auf bestimmte Muster und Dekore oder auch auf die durchdachte Gestaltung eines Werkes beziehen. Ich verwende das Wort hier in seinem weitesten Sinn, um die Entwicklung und Verwirklichung einer Idee vom Anfang bis zum fertigen Werk zu beschreiben. Wenn Sie erst einmal einen bestimmten Grad der Fertigkeit erreicht haben, dann beginnt die eigentliche Entdeckungsreise.

Ein Keramiker bezieht seine Ideen und Themen aus so vielen Quellen, daß es unmöglich ist, sie alle aufzulisten. Gute Ausgangspunkte sind Formen aus der Natur, Tiere, die menschliche Gestalt, die Umgebung und auch mechanische Objekte. Bei zweckgebundener Töpferware spielen natürlich praktische Erwägungen eine besondere Rolle im gestalterischen Prozeß. Jedoch ist auch hier der individuelle Stil genauso wichtig wie bei abstrakten Werken, die keinerlei Beschränkung unterliegen.

Wie auch immer Ideen entstehen mögen, für den Töpfer ist es wichtig, diese gesammelten Eindrücke festzuhalten. Sie sind ein Teil der Entwicklung eines Designs, und deshalb führen viele Keramiker ein Skizzenbuch, auf das sie zurückgreifen, wenn sie Ideen für ein neues Werk sammeln. Solche Skizzenbücher enthalten oft eine Reihe verschiedener Anregungen. Sie reichen von einer genauen Skizze einer Samenkapsel bis hin zu einer schnell notierten Reaktion auf eine Farbe.

Die schlichte Unmittelbarkeit dieser Schwanenskizzen aus Mary Wondrauschs Skizzenblock wurde sehr geschickt auf das keramische Medium übertragen. Deutliche Linienführung zeichnet diese in Sgraffitotechnik bemalte Schale aus. Die Schwäne wurden sehr kunstvoll auf der Innenseite der Schale gruppiert und nehmen fast die gesamte Fläche ein. Sie scheinen miteinander um einen Platz zu ringen. Solch einfache Skizzen stehen oft am Anfang einer Idee oder eines Entwurfes und werden von Töpfern auf die gleiche Weise verarbeitet wie auch Maler eine Serie von vorbereitenden Studien zeichnen, um ein Gesamtwerk daraus zu entwickeln.

Karen Chesneys Vogelvasen demonstrieren die Wechselwirkung zwischen Funktion, Form und Dekoration. Bei diesem Beispiel spielt die Funktion nur eine untergeordnete Rolle. Im Vordergrund steht der dekorative Charakter des Stückes, der durch Engoben, Wachsausspartechnik und Lüsterglasur entstand.

◀ Entwürfe für Haushaltskeramik müssen die Dekoration ebenso berücksichtigen wie die Tatsache, daß jedes Stück eine bestimmte Funktion zu erfüllen hat. Dieses schöne Service von Daphne Carnegy verbindet sehr erfolgreich funktionale Qualitäten mit einem ganz persönlichen Dekorationsstil.

▲ Bei nicht zweckgebundenen Werken erkennt man die Inspirationsquelle oft viel direkter. Dieses Rakustück von Christa Maria Herrmann, das treffenderweise ‚Treibholzball' heißt, zeigt sehr deutlich seine Ideenvorlage.

▼ Vom Druck funktionaler Kriterien befreit, werden die Entwürfe oft wesentlich persönlicher. Sandy Browns ‚Pferd mit Tänzer' ist zwar figürlich, macht aber auch einen sehr metaphorischen Eindruck.

Drehen

Das Formen einer sich auf einer Töpferscheibe drehenden plastischen Tonmasse nennt man Drehen.

Keine andere formende Methode stellt den Ton so auf die Probe. Deshalb muß Drehton besonders sorgfältig vorbereitet werden (siehe *Kneten*). Er muß weich, elastisch und griffig genug sein, um sich schnell formen zu lassen. Er muß gleichzeitig fest genug sein, um sich selbst tragen und die Form halten zu können, solange er noch feucht ist.

Der Schlüssel zum erfolgreichen Drehen liegt im richtigen *Zentrieren* des Tonklumpens auf der Scheibe, in der Startphase also. Haben Sie das erreicht, können Sie eine ganze Palette verschiedenartiger Objekte und Formen drehen, wobei die meisten auf der Grundform eines Tellers, einer Schale oder eines Zylinders aufbauen.

Flache, offene Formen

Diese Formen lassen sich vielleicht am einfachsten drehen, weil eine flache Form in sich schon sehr stabil ist. Die Zentrifugalkraft der sich drehenden Töpferscheibe zieht den Ton fast von alleine nach außen. Der Tonklumpen wird mit den Handflächen breit auseinandergedrückt, dann mit beiden Daumen aufgebrochen und auseinandergezogen. Dabei entsteht eine Innenfläche mit dickem Boden, der später noch abgedreht werden kann (siehe *Abdrehen*). Die Grund- oder Standfläche jeder gedrehten Form entscheidet auch über die Ausdehnung des Stückes. Sich zu weit über die Standfläche hinaus weitende Wandungen ermüden schnell und können zusammenfallen. Wenn möglich, sollte für größere und breitere Formen ein auswechselbarer Scheibenkopf verwendet werden.

Auf diesem gedrehten Teller von Seth Cardew entstand mit wenigen Pinselstrichen ein ausdrucksvolles, einfaches Bild.

Das Drehen einer flachen Schalenform

1 Die Grundfläche jeder gedrehten Form entscheidet auch über ihren maximal möglichen Durchmesser. Mit beiden Handflächen wird die zentrierte Tonmasse auf der Drehscheibe auseinandergedrückt. Der Teller ist eine Weiterentwicklung der flachen, offenen Form.

2 Brechen Sie den Ton mit beiden Daumen auf, und ziehen Sie ihn dann auseinander, um eine Bodenfläche zu bilden. Dabei sollten Sie die Arme abstützen.

3 Hat die Form den gewünschten Durchmesser erreicht, beginnen Sie mit dem Ausdünnen der Wandung, um den Rand höherzuziehen. Dazu greifen Sie den Tonrand fest zwischen Daumen und Zeigefinger und ziehen ihn stetig nach oben, während die andere Hand zur Unterstützung angelegt wird.

Das Drehen einer Zylinderform

1 Mit dem Daumen der einen Hand wird der Tonklumpen aufgebrochen und auseinandergezogen, um den Boden zu bilden. Die andere Hand legen Sie beim Drehen unterstützend auf die formende Hand.

2 Um den Ton nach oben zu ziehen, nehmen Sie den Randwulst zwischen Daumen und Mittelfinger und ziehen die Hand in einer gleichmäßigen Bewegung nach oben. Der dickere Bereich direkt oberhalb ihres Daumens wird bei zunehmender Höhe dünner.

3 Ist die Zylinderform zu hoch, um sie noch zwischen Daumen und Mittelfinger halten zu können, fahren Sie mit dem Mittelfinger der vorher unterstützend angelegten Hand in die Röhre hinein, während die andere Hand die Wandung von außen abstützt.

4 Dieser Schnitt zeigt, wie sich während des Hochziehens die Fingerspitze und der außen angelegte Fingerknöchel gegenüberliegen. Bei dieser Wandstärke ist ein weiteres Hochziehen möglich.

5 Das Hochziehen der Wandung muß absolut senkrecht geschehen. Meist tendiert man dazu, sich dabei zurückzulehnen. Das müssen Sie unbedingt vermeiden, weil sich der Zylinder sonst unwillkürlich trichterförmig erweitert. Das Hochziehen ist dann beendet, wenn die Wandung gleichmäßig dünn ist.

6 Auf diesem Foto sehen Sie, wie die Tonmasse dazu benützt wurde, eine maximale Höhe zu erreichen. Das Gefäß ist unten etwas breiter als am oberen Rand. Das verleiht der Form mehr Stabilität.

7 Unebene Ränder lassen sich mit einer Nadel begradigen. Während sich die Scheibe noch dreht, stützen Sie den Rand innen mit Ihrem Zeigefinger ab. Dann stecken Sie eine Nadel etwa 5 mm unterhalb des niedrigsten Punktes in die Tonwandung, bis Sie sie mit Ihrem Zeigefinger innen spüren können.

8 Der Rand wird dann geglättet und etwas verdickt, indem man mit dem Zeigefinger daraufdrückt, während Daumen und Zeigefinger der anderen Hand die Wandung innen und außen abstützen.

9 Etwaiges Wasser, das sich innerhalb der Zylinderform gesammelt hat, wird mit einem an einem Stöckchen befestigten Schwamm bei sich drehender Scheibe herausgeholt.

10 Am Boden überstehender Ton wird mit einem Abdrehwerkzeug entfernt. Das Gefäß wird dann mit einem gespannten Draht von der Drehscheibe abgeschnitten und heruntergehoben. Ihre Hände müssen dabei trocken und sauber sein.

Die Form dieser hohen Vase von Gerry Unsworth ist eine Weiterentwicklung der Zylinderform. Die Krakeleebildung wurde durch kurzes Räuchern in Sägemehl nach dem Glasurbrand noch gefördert.

Ausformen einer Schnaupe

1 Gefäße, z. B. Krüge, brauchen eine Art Tülle oder eine Schnaupe. Die Schnaupenlippe wird aus dem verdickten Rand geformt, indem man den Rand an einer Stelle nach oben zieht.

2 Diese hochgezogene Lippe wird dann mit Daumen und Zeigefinger ausgedünnt und geglättet.

3 Zum Schluß drücken Sie mit den Fingerspitzen die breite Lippe zu einer deutlichen Rinne. Die Finger der anderen Hand werden von unten dagegengehalten, um der Schnaupe ihre endgültige Form zu geben.

Schalen

Die Form muß dazu in einem Arbeitsgang gedehnt und gleichzeitig nach oben gezogen werden. Zu Beginn wird mit Daumen und Zeigefinger der einen Hand die Wandung von innen her ausgeformt. Die andere Hand wird dabei von außen stützend an die wachsende Form angelegt.

Hier muß vor allem auf die innere Kurve der Schale geachtet werden.

Beim Abheben der Schale von der Drehscheibe sollte man sehr vorsichtig sein. Eine heftige, ruckartige Bewegung könnte den feinen Rand zerstören. Viele Töpfer legen, wenn sie keinen auswechselbaren Scheibenkopf haben, ein dünnes Papier über den Schalenrand. Dadurch wird die Luft darin eingeschlossen, und der Rand verzieht sich nicht so schnell.

Zylinderformen

Sie bilden oft die Ausgangsform für viele andere gedrehte Formen. Ist der Boden gebildet, wird die Wandung durch den Druck des Daumens und des Mittelfingers hochgezogen, bis die Fingerspitze den Boden nicht mehr berühren kann. Dann wird der Knöchel der einen Hand an der Außenseite angelegt und die Mittelfinger der anderen drücken von innen dagegen. Ungleicher oder zu starker Druck kann dazu führen, daß die Wandung stellenweise zu dünn wird und reißt. Andere Fehler rühren daher, daß der Ton nicht genügend angefeuchtet, oder der Ton nicht richtig zentriert war.

Weiten einer Form

Das ist eine Drehmethode, bei der die entstehende Form nach oben und gleichzeitig nach außen gezogen wird. Da die Zentrifugalkraft der sich drehenden Scheibe die Form oft schneller weitet, als dem Töpfer lieb ist, muß er sich bemühen, dies zu verhindern. Wenn sich jedoch ein Gefäß in einer ganz bestimmten Weise bauchen soll, weitet man es, indem man die Wände weiter nach oben zieht und gleichzeitig dünner dreht. Soll eine Zylinderform geweitet werden, muß die Wandung noch ausreichend dick sein, da dieser Ton zum Drehen gebraucht wird.

Wenn es sich um einen starken Bauch handelt, darf nicht zuviel Wasser dabei verwendet werden. Sonst wird der Ton zu weich und dadurch instabil. Ein anderer möglicher Grund für ein Zusammenfallen des Tones kann darin liegen, daß die Form zu weit über die Grundfläche hinaus nach außen gezogen wurde.

Am Anfang darf das Weiten bei hoher Geschwindigkeit der Drehscheibe sehr schnell vor sich gehen. Der weitere Dehnprozeß jedoch sollte langsam erfolgen.

Eine geschlossene Form läßt sich noch zu einer runderen und bauchigeren Form ausdehnen. Das Weiten eines Gefäßes geschieht oft in Verbindung mit dem Verengen; dies wird *Einziehen* genannt. Hinweise dazu auch unter *Drehen vom Stock* und *Deckel*.

Das Drehen einer Schale
1 Die Form einer Schale wächst gleichzeitig nach oben und außen.
Die einzelnen Arbeitsschritte ähneln denen beim Drehen einer Zylinderform. Das Hochziehen erfolgt aber eher sanft.

2 Das Formen sollte langsam, mit sich wiederholenden Aufwärtsbewegungen geschehen, die den Durchmesser und die Höhe der Schale bestimmen. Dort, wo die Grundfläche in die Wandung übergeht, sollte ein weichgerundeter Übergang sein.

3 Den Randbereich sollte man zu Anfang ruhig dicker stehenlassen. Dieser Ton wird zum Weiten der Schale noch gebraucht.

4 Der überschüssige Ton an der Bodenkante kann jetzt beim Drehen entfernt werden, ohne daß sich das ungünstig auf die Stabilität des Gefäßes auswirkt.

5 Dieser Schnitt zeigt die innere Kurve der Schale. Die Wandung wurde so dünn gedreht, wie es der Ton erlaubte. Am Fuß kann man erkennen, wieviel Ton man im lederharten Zustand hätte *abdrehen* können.

Die reichdekorierte und mit Lüsterglasur überzogene Schale von Sutton Taylor hat einen kleinen Fuß, von dem aus die Form in einer eleganten Linie nach oben ansteigt.

Diese gedrehte und eingekerbte Schale von Peter Lane weist eine starke Sprenkelung auf. Sie entstand durch das Aufspritzen von Kupferoxid auf die Glasur. Die eingeschnittenen Kerben, die fächerartig von der Mitte nach außen verlaufen, betonen die sich weitende Form der Schale noch zusätzlich.

Drehen vom Stock

In der Keramikindustrie werden hauptsächlich Techniken wie Gießen, Ein- und Überdrehen und das Strangpreßverfahren angewandt, um gleiche Stücke in größeren Mengen serienmäßig zu produzieren. Aber auch mit der Technik des Drehens lassen sich ganze Serien gleicher, wenn nicht sogar identischer Formen herstellen. Allerdings erfordert das ein beträchtliches Maß an handwerklichem Können und langjährige Praxis. Es gibt jedoch ein paar grundlegende Ratschläge, die dem Töpfer helfen können. Wichtig ist zum Beispiel das sorgfältige Abwiegen und Vorbereiten des Tonbatzens, bevor das Drehen beginnt. Auch Meßlehren und -fühler und sogar Schablonen können dabei helfen, wichtige Höhenmaße oder Punkte, an denen sich die Form ändert, einzuhalten.

Soll eine Anzahl kleiner, einfacher Formen gedreht werden, wird ein großer Tonbatzen zentriert und davon nacheinander die Stücke gedreht, indem jeweils nur das obere Ende des zentrierten Tonkegels bearbeitet wird. Diese Methode nennt man Vom-Stock-Drehen.

1 Hier wird gerade ein kleiner Deckel gedreht. Die Dreh- und Formbewegungen finden dabei nur am oberen Ende des Tonkegels statt.

2 Mit einer Nadel, die bis in die Mitte des Tons gestochen wird, schneidet man das fertige Stück, hier den Deckel, an seinem unteren Rand bei laufender Drehscheibe ab. Dann wird der Deckel vorsichtig abgehoben.

3 Vom verbleibenden ‚Stock' können weitere Deckel gedreht werden, ohne daß erneut zentriert werden muß.

Eingedrückte Dekore

Dies ist eine der ältesten Dekorationsmethoden und wurde seit Jahrhunderten in allen Kulturen angewandt. Es werden dabei Gegenstände in den Ton gedrückt, die bestimmte Spuren hinterlassen. Dazu kann fast jeder Gegenstand dienen. Der Ton muß aber noch weich genug sein, um diese ‚Eindrücke' aufnehmen zu können, ohne Risse zu bekommen. Aber er muß auch fest genug sein, damit klare Druckspuren entstehen. Tonstücke können auch auf grob gewebten Stoffen, Netzen, Plastikfolien oder Strukturtapeten abgerollt werden, um eine entsprechend strukturierte Oberfläche zu erhalten. Diese Stücke werden dann als Applikation oder als Tonplatten zum Aufbauen eines Gefäßes verwendet (siehe *Plattentechnik*).

Selbstentworfene Druckstempel können ganz einfach aus verschieden dicken Tonwülsten gemacht werden. In deren Enden schnitzt oder drückt man Reliefmuster ein und brennt sie dann. Sie bleiben so dauerhaft einsetzbar. Solche Stempel dienen dann zum Eindrücken erhabener Reliefmuster in die noch weiche Tonoberfläche.

1 Viele interessant geformte Dinge können zum Eindrücken von Mustern in weiche Tonflächen verwendet werden.

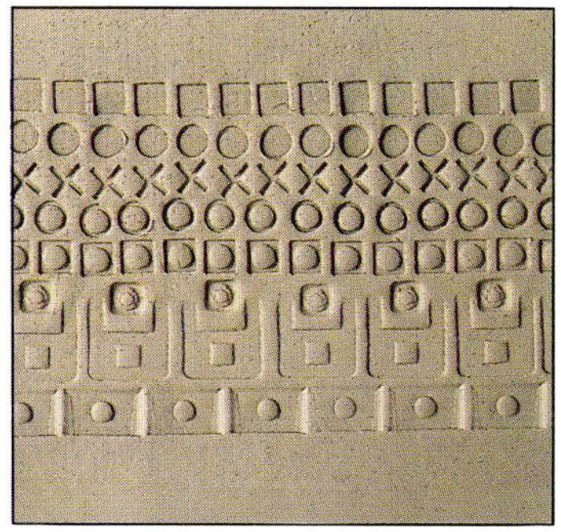

2 Mit ganz einfachen Mitteln kann eine reichstrukturierte Oberfläche aufgebaut werden.

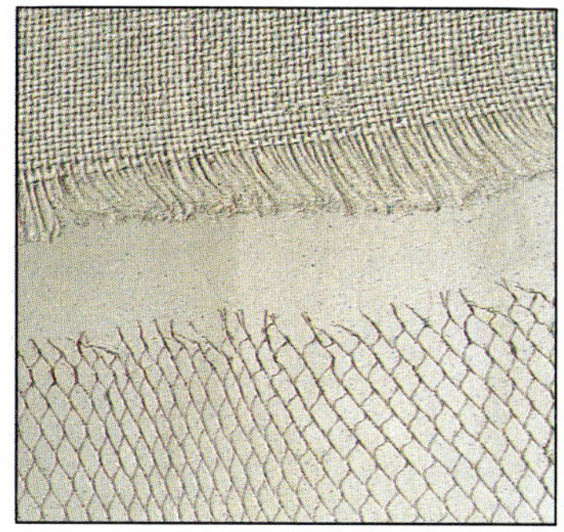

3 Grobmaschige Tücher oder Netze können auf dem Ton abgerollt oder aufgedrückt werden. Auch sie hinterlassen interessante Strukturen.

4 Aus modellierten und dann gebrannten Tonwülsten können Stempel entstehen. Diese werden dann entweder direkt auf eine Tonfläche gedrückt oder in ein extra Tonplättchen, das dann auf die Gefäßoberfläche appliziert wird. So entstehen erhabene Reliefmuster. Dieses letztere Verfahren wendet man dann an, wenn die Tonoberfläche schon etwas fester geworden ist.

Diese dekorative Form von Carol Jacobs entstand inspiriert durch die Schrebergartenparzellen. Dazu wurden zuvor geprägte und eingekerbte Tonplatten um eine Rahmenform gelegt und anschließend bunt bemalt. So entstand eine Art keramischer Patchworkarbeit.

Einkerben

Das Einschneiden von Rillen und Furchen in eine Tonoberfläche nennt man Einkerben oder Kannelieren. Diese Kerben können flache, runde oder hohle Querschnitte haben und werden mit speziellen Kerbwerkzeugen eingeschnitten.

Diese Verziertechnik kommt auf gedrehten Stükken zur Anwendung und besteht meist aus senkrechten oder leicht schrägen Einkerbungen, die sich wie ein Band um das Gefäß ziehen und oben und unten von einem glatten Rand eingefaßt sind.

Das Einkerben von Tonoberflächen schafft kantige Strukturen. Am einfachsten läßt es sich auf Stücken mit senkrechten Wänden durchführen, weil hier parallele und gleich breite Kerben entstehen können. Runde Formen oder solche, die oben breiter sind als unten, sind schwieriger zu bearbeiten. Es muß die Wölbung oder das Sich-Erweitern der Form mit in Betracht gezogen werden. Wie bei allen Dekortechniken ist auch hier eine sichere Beherrschung der Technik entscheidend.

Zur Übung sollte mit einer Unterstützung gearbeitet werden.

Man kann ein Werkstück direkt nach dem Drehen einkerben oder nachdem der Ton etwas abgetrocknet ist. Geradwandige Formen können gedreht, mit Kerben versehen und dann von innen her weitergedreht und ausgeformt werden. Die Außenseite darf aber dabei nicht mehr berührt werden (siehe auch *Facettieren*).

1 Eine gedrehte Form mit senkrechten Wänden läßt sich auch einkerben, indem man ein passendes Schneidwerkzeug an einer Leiste anlegt und von oben nach unten zieht. Am schönsten sehen solche Kerbverzierungen aus, wenn sie sich als klar begrenztes Band um das Gefäß herum ziehen.

2 Wird ein Topf verziert, der sich noch auf der Drehscheibe befindet, kann er danach weitergedreht werden. Die Hände dürfen aber dabei die eingekerbten Bereiche nicht mehr berühren, sondern nur noch die Rand- und Innenflächen.

3 Wenn oben noch genügend Ton stehengeblieben ist, kann der Rand weiter nach oben gezogen und geformt werden.

Einritzen

Eingeritzte Muster entstehen durch das Schneiden oder Gravieren in eine Tonfläche. Die Art des verwendeten Werkzeuges und der Trockenheitsgrad des Tones entscheiden über die Beschaffenheit der eingeritzten Linien. Ritzt man mit einem spitzen Gegenstand in eine feuchte Tonoberfläche, ergibt das tiefe Linien mit weichen Rändern. Beim Ritzen in eine lederharte Oberfläche mit einem scharfen Messer entstehen scharfkantige, präzise Linien. Die schönsten Ornamente entstehen jedoch einfach durch eine flüssige, schwungvolle Führung des Schneidwerkzeuges. Gute Beispiele dafür finden sich auf den chinesischen Porzellangefäßen der Tang- und Sung-Periode. Auf lederhartem oder trockenem, aber ungebranntem Ton kann man das Muster auch erst grob vorzeichnen, bevor man es einritzt. Das kann freihändig geschehen. Vorgezeichnete Muster lassen sich aber auch mit einem Kohlepapier auf die Tonoberfläche übertragen.

Üblicherweise werden solche eingeritzten Dekore mit einer zarten, aber transparenten Farbglasur ähnlich der Seladonglasur überzogen (siehe *Brennen*), die der Fläche einen angenehmen Glanz verleiht, die eingeritzten Ornamente jedoch nicht verdeckt, sondern hervorhebt. Färbende Metalloxide können vor dem Glasieren in die Linien hineingerieben werden. Sie betonen das Muster noch mehr.

1 Das Erscheinungsbild der geschnittenen oder eingeritzten Linien wird bestimmt durch das Werkzeug und den Trockenzustand des Tones. Auf diesen vier Tonplättchen sieht man jeweils die gleiche eingeschnittene Linie, links in ganz weichen Ton, rechts in knochentrockenen.

2 Die schwungvollsten und elegantesten Dekore entstehen, wenn man freihändig arbeitet. Es ist jedoch am Anfang sehr mühselig. Auf weichen oder lederharten Ton lassen sich Linien auch vorzeichnen. Sie erhalten dadurch leicht eingedrückte Linien, die als Führungshilfe dienen können.

3 Lederharter Ton kann mit einem scharfen Messer eingeritzt werden. Dabei entstehen klare, scharfkantige Linien. Die anfallenden Tonspäne oder -krümel sollten mit einem festen Borstenpinsel vorsichtig entfernt werden, damit die eingeschnittenen Linien nicht verwischen.

4 Man kann auch Kohlepapier verwenden, um ein bestimmtes Dekor auf eine Tonfläche zu übertragen. Es entstehen dunkle Linien, denen man leicht folgen kann.

5 Zum Schneiden in knochentrockenen Ton nehmen Sie am besten ein skalpellartiges Werkzeug. Die Gefäße sind in diesem Zustand sehr zerbrechlich. Man muß besonders vorsichtig mit ihnen umgehen, damit nichts absplittert oder zerbricht.

Diese Porzellanschale von Peter Lane hat eine besonders aufwendig gestaltete Ritzdekoration. Die Glasur enthielt etwas Kupferkarbonat. Es sorgte für den leicht grünlichen Farbstich, der das zarte Muster gut betont.

Einziehen

Gedrehte Formen können sich nach oben flaschenförmig verjüngen oder sogar vollständig geschlossen werden, um einen runden Hohlkörper zu bilden. Dies geschieht durch das Zusammendrücken der Tonform. Zum Einziehen der Wandung werden die Hände wie um einen Hals an das Gefäß gelegt und der Ton zusammengepreßt, während gleichzeitig die Wände dicker werden.

Dieses Einziehen wirkt entgegen der Fliehkraft der Drehscheibe, die den Ton natürlich eher nach außen zieht.

Der Ton muß dazu von einer sehr guten Beschaffenheit sein, sonst kann er sich dabei verziehen oder im Randbereich ungleich dick werden.

Mit Ton, der schon lange bearbeitet wurde oder der sehr dünn ist, kann das Einziehen schwierig werden. Der Bereich, der eingezogen werden soll, darf nicht auf einmal, sondern in mehreren Arbeitsgängen zusammengedrückt werden. Die Drehscheibe sollte dabei schnell laufen.

Dieses Einziehen bewirkt eine Verdichtung des Tones und kann deshalb auch eingesetzt werden, um das Gefäß noch höher zu drehen. Genau diese Technik wird auch beim Drehen von Schnauzen angewandt.

Man kann Formen auch während des Drehens verengen, indem man den Ton mit den Fingern von innen leicht nach innen zieht.

1 Einziehen nennt man den Vorgang, bei dem ein nach innen gerichteter Druck auf eine gedrehte Form ausgeübt wird. Die Hände gehen dabei in eine Art ‚Würgegriff'-Stellung.

2 Starkes Einziehen führt zu Gefäßen mit engen Öffnungen oder sogar zu vollständig geschlossenen Formen. Der Ton muß sehr gut aufbereitet sein, und die Scheibe sollte sich dabei schnell drehen. Durch zu langes Bearbeiten kann Ton ermüden, sich verziehen und seine Stabilität verlieren.

3 Beim Einziehen verdichtet sich die Wandung. Man kann dies dazu nutzen, ein Gefäß noch höher zu drehen.

Gedrehte Formen mit engen Hälsen entstehen mit Hilfe dieser Einziehtechnik. Der große rundbauchige Weinkrug von John Leach wurde oben eingezogen. Beide Stücke sind aus Steinzeugton und wurden in direktem Kontakt mit den Flammen in einem Holzofen gebrannt.

Engobe-Dekore

Eingefärbter Schlicker, Engobe genannt, ist eines der einfachsten Mittel, um Farbe und Muster auf eine ungebrannte Tonoberfläche aufzubringen. Punkt- und Liniendekore, Federzug, gesprenkelte und marmorierte Dekore werden häufig mit Engoben gestaltet. Gefäße, die poliert werden sollen (siehe *Polieren*), werden meist mit Engoben überzogen, wenn eine andere Farbe als die des Tones gewünscht wird.

Solche Engoben sind eine Mischung aus Ton, Wasser und färbenden Rohstoffen in Form von Metalloxiden und Farbkörpern. Sie lassen sich dick oder dünn auftragen. Als grobe Richtlinie wird eine sahnige Konsistenz der Engobe empfohlen.

Malhorntechnik

Dies ist eine Maltechnik, bei der mit Hilfe eines Malhorns, einem Gummigefäß mit spitzer Ausflußöffnung, Linien und Muster auf eine Fläche gemalt werden. Die Tonoberfläche wird zunächst mit einer Engobeschicht vollständig überzogen. Wenn diese noch naß ist, werden mit dem Malhorn andersfarbige Engoben linienförmig aufgetragen.

Federzugtechnik

Dafür werden zunächst Linien unterschiedlich gefärbter Engobe parallel aufgetragen. Dann wird mit einem Hilfsmittel eine Linie teilweise in die andere verzogen, so daß die Gleichförmigkeit der Linien aufgebrochen wird. Das traditionelle Werkzeug für diese Technik war früher eine Feder. Auch mit einer Nadel oder einem Stift erzielt man gute Ergebnisse.

Marmorieren

Zwei oder mehrere unterschiedlich gefärbte Engoben werden frei auf eine Oberfläche aufgebracht und dann kräftig geschüttelt. Dadurch vermischen sich die Engoben und bilden marmorierte Muster, von denen keines dem anderen gleicht.

Punkt-Dekore

Muster oder Bilder entstehen, indem man ein Holz- oder Metallstäbchen in Engobe taucht und damit Farbpunkte auf eine lederharte Tonfläche tupft. Solche Punkte lassen sich auch mit dem Malhorn auftragen. Die besten Resultate erzielt man, wenn zuvor die ganze Oberfläche mit einer Engobe überzogen wurde, so daß die andersfarbigen Punkte in diese Schicht einsinken. Ist die Arbeit beendet, läßt man die aufgebrachten Muster trocknen. Die Ware wird anschließend meist rohglasiert oder geschrüht und glattgebrannt.

Konturlinien

Mit solchen Linien werden Bereiche und Flächen eingegrenzt, die noch mit Farbe gefüllt werden sollen. Dies geschieht im lederharten Zustand des Tones. Die dazu verwendete Engobe wird aus der gleichen Tonmasse wie der des Stückes hergestellt. Dann werden die Umrißlinien mit dem Malhorn aufgetragen. Nach dem Schrühbrand haben diese Linien zwar dieselbe Farbe wie die Oberfläche des Gefäßes, sie sind aber leicht erhaben. Die eingegrenzten Bereiche werden dann mit Oxiden oder Unterglasurfarben ausgemalt (siehe *Farben*). Darüber kommt eine Transparentglasur. Das Gefäß kann auch zuerst glasiert und dann vor dem Glattbrand mit Farben bemalt werden. Diese Konturlinien können auch nach dem Schrühen aufgebracht werden. In diesem Fall wird eine eher glasurartige Mischung statt der Engobe verwendet. Ansonsten wird genauso verfahren.

Eine gedrehte und dann verformte rohglasierte Steinzeugschale von Steven Hill. Um diesen Farbenreichtum und die Oberflächenqualität zu erreichen, verband S. Hill die Technik der eingedrückten Dekore mit Engobemalerei unter einer Anzahl verschiedener Glasuren.

1 Mit dem Malhorn lassen sich auf einfachste Weise einzelne Engobelinien auf eine noch nasse Grundengobeschicht aufbringen. Parallele Farbbänder können ebenso gestaltet werden wie sich kreuzende Linien.

2 Bei der Federzugtechnik, einer ganz traditionellen Technik der Engobemalerei, wird eine Engobelinie mit einer Feder oder einer Nadel in eine andere hineingezogen.

3 Einen marmorierten Effekt erhält man durch das Aufbringen zweier oder mehrerer Engoben, die dann durch ein kräftiges Schütteln des Werkstückes ineinanderfließen.

4 Engobe läßt sich auch punktförmig auf eine feuchte Engobeschicht auftragen.

5 Das Auftupfen farbiger Engoben auf eine rohe Oberfläche ist eine Dekormethode, die man viel auf bäuerlicher Keramik in ganz Europa finden kann.

Auf der äußerst reich bemalten Oberfläche dieses Steinzeugkorbes von John Gibson sind verschiedene Engobetechniken in Kombination mit Unterglasurmalerei vereint. Die Engoben wie auch die Unterglasurfarben wurden auf die noch weiche Tonfläche aufgetragen.

Facettieren

Diese meist bei gedrehten Stücken angewandte Technik ist dadurch gekennzeichnet, daß senkrechte Teile von zylindrischen Formen abgeschnitten werden, um facettenartige Flächen zu erhalten. Diese Facetten werden entweder direkt nach dem Drehen geschnitten oder bei nur teilweise fertig gedrehten Stükken, die danach noch weitergedreht werden. Es muß auf jeden Fall aber eine dickere Wandung als normal gedreht werden, so daß nach dem Abschneiden der Facetten noch eine ausreichende Wandstärke erhalten bleibt. Sonst kann die Form instabil werden und reißen.

Die Facetten werden mit einem straff zwischen den Fingern gespannten Draht von oben nach unten geschnitten. Das bearbeitete Stück bleibt dabei auf der Drehscheibe stehen. Soll ein eher kugelförmiges Gefäß facettiert werden, dann sollte das geschehen, wenn die Form noch rein zylindrisch ist. Danach kann das Gefäß von innen her ausgebaucht werden (siehe *Drehen*). Steht Ihnen über dem facettierten Bereich noch genügend Ton zur Verfügung, kann weitergedreht und geformt werden. Werden nur wenige Facetten gewünscht, beklopft (siehe *Beklopfen*) man das Gefäß entsprechend der Anzahl der gewünschten Facetten sanft und schneidet sie dann erst.

Das Facettieren kann auch an schon lederharten Stücken ausgeführt werden. Man nimmt dann aber eine scharfe, flexible Klinge statt des Drahtes.

1 Von einer dickwandig gedrehten Form können mit einem gespannten Schneidedraht Teilbereiche abgeschnitten werden und zwar entweder direkt nach oder sogar während des Drehprozesses.

2 Nach dem Facettieren kann weiter ausgeformt werden. Natürlich nur von innen oder im oberen Abschlußbereich, der nicht bearbeitet wurde. Die facettierte Außenfläche würde durch ein Berühren beim Weiterdrehen zerstört.

3 Sollen nur einige wenige Facetten entstehen, kann man die gedrehte Form zunächst vorsichtig in Form klopfen, damit beim anschließenden Schneiden nicht aus Versehen die ganze Wandung abgeschnitten wird.

4 Schöne Effekte entstehen auch durch verschieden breite Facetten. Hier werden breite und schmale Facetten im Wechsel angeschnitten.

5 Die eckige Form der Facetten schafft einen guten Kontrast zu der runden Grundform des Gefäßes.

Die Kantigkeit der Facetten auf dieser von Janet Leach gedrehten Steinzeugvase bildet einen angenehmen Kontrast zu der sonst bauchig-runden Form.

Farben

Stil und Geschmack ändern sich auch in der Keramik ständig. Es gibt, und es wird ihn immer geben, den Tontopf in gedämpften Erdfarben. Aber es gibt heute auch Stücke mit neuen und leuchtenden Farben.

Zum Einfärben werden verschiedene Metalloxide verwendet. Farbkörper oder färbende Metalloxide werden unter den Ton gemischt, um dessen Grundfarbe zu ändern. Mit eingefärbten flüssigen Tonen, sogenannten Engoben, kann entweder die ganze Oberfläche überzogen oder nur einzelne dekorative Elemente vor dem Schrühbrand aufgemalt werden (siehe *Engobedekore* und *Glasieren*). In beiden Fällen kann noch ein Glasurauftrag folgen.

Spezielle Unterglasurfarben oder Metalloxide können auf trockene wie auch auf schrühgebrannte Ware vor dem Glasieren mit dem Pinsel aufgetragen oder auch aufgesprüht werden. Durch das Glasieren bekommen die Farben ihren leuchtenden Ton. Metalloxide oder Inglasurfarben können einer Glasur zugesetzt werden, um eine bestimmte, erst nach dem Glasurbrand hervortretende Färbung zu erreichen. Man kann solche Oxide auch nach dem Glasieren, aber vor dem Brennen auftragen (siehe *Bemalen* und *Majolika*). Glattgebrannte Ware läßt sich noch mit Aufglasur- oder Emailfarben bemalen und wird dann noch einmal bei einer niedrigen Temperatur gebrannt (siehe *Brennen*), um diese zu fixieren.

Eisen, Kupferkobalt, Mangan, Chrom, Nickel, Vanadium, Titan und Rutil sind die am häufigsten verwendeten Metalloxide. Damit werden die meisten keramischen Farben hergestellt.

▲ Sandy Browns Teller zeigt einen sehr malerisch-exressionistischen Gebrauch kräftiger, oft unverdünnter Farben. Sie verwendet viele Metalloxide und handelsübliche Farbkörper, um ihre Flächen lebendig zu gestalten.

◄ Oxide und eine fast unbegrenzte Anzahl vorgefertigter Glasurfarben können den Glasuren beigemischt werden, um einen vollständigen Farbüberzug zu erreichen. Das kräftige Gelb dieser Porzellanschale von Lucie Rie wurde durch einen Zusatz von Uranoxid in der Glasur erzielt.

◄ Sanfte, erdige Farben sind ein wesentliches Element der Arbeiten von Michael Bayley. Sie spiegeln seine Liebe zu Landschaften wider. Er erreicht sein Farbspiel – von Cremefarben bis zu dunklen Brauntönen – durch die Zugabe von Eisen- und Manganoxiden und durch verschiedene Sand- und Schamottebeimischungen.

▲ Die Kombination verschiedener Dekormethoden wie Engobe-, Oxid- oder Farbkörperauftrag, Unter- oder Aufglasurmalerei und das sich-Überlagern vieler verschiedener Farbglasuren trägt zu einer solch reichen Farbpalette wie dieser bei. Es ist eine Arbeit des Keramikers John Glick.

► Diese rakugebrannte Vase ist von Frank Boyden. Er setzt sehr geschickt eine Kombination verschiedener Engoben, Glasur- und Brenntechniken ein, um die hier gezeigten farbenreichen Kontraste zu schaffen. Die schwärzlichen Flächen sind ein Ergebnis der unglasierten Bereiche.

Formen verändern

Auf der Töpferscheibe gedrehte Formen sind von Natur aus rund und symmetrisch. Der Töpfer kann, wenn er will, die Form nach dem Drehen noch verändern. Man sollte das aber nicht als eine Möglichkeit ansehen, eine mißlungene Arbeit noch zu retten; ein schlecht zentriertes Stück läßt sich nur noch selten korrigieren.

Am einfachsten verändern Sie eine runde Form, indem Sie mit Ihren Handflächen das noch feuchte Gefäß von beiden Seiten her zu einem Oval zusammendrücken. Wurde eine Form besonders dünn gedreht, läßt man sie vielleicht noch etwas ruhen, bevor man sie verändert, sonst könnte die Spannung der Form dabei verloren gehen. Für größere Veränderungen dreht man oft die Form ohne Boden (der später angesetzt werden kann), oder nimmt den Boden teilweise heraus, damit er unter dem angewandten Druck nicht reißt oder beult. Oft heißt das nicht mehr, als das Gefäß an dem Punkt abzuschneiden, wo die Wände auf den Boden stoßen.

Das Umformen gedrehter Stücke wird auch häufig bei der Produktion praktischer Haushaltskeramik angewandt. Ovale Auflaufformen zum Beispiel drehen die meisten Töpfer erst rund und schneiden dann aus dem Boden eine elliptische Form heraus. Dieses Loch schließt sich, wenn das Stück zu einem Oval geformt wird. Man kann eine rundgedrehte Form auch durch Hinzufügen eines oder mehrerer zusätzlicher Teile verändern.

1 Ein Oval entsteht durch das sanfte Zusammendrücken einer frisch gedrehten Form. So kann man Vasen und sogar Schalen verändern. Diese beiden flaschenförmigen Gefäße von Lucy Rie haben flachgedrückte Hälse. So entstand ein feiner Kontrast zu der einfachen, runden Form der Körper. Die Tonmasse für diese beiden Stücke wurde mit Mangan versetzt.

2 Wenn eine gedrehte runde Form ganz flachgedrückt werden soll, kann es nötig werden, die Wände von dem Boden abzulösen. Dazu nimmt man eine Nadel und trennt den Boden in der Höhe seiner dicksten Stelle ab.

3 Die Wände sind jetzt frei und werden nach innen gedrückt, so entsteht eine flache Seite.

4 Ist die Verformung beendet, werden die Wände wieder auf den Boden aufgesetzt. Geschieht das bald nach dem Drehen, wenn der Ton noch weich ist, braucht man keinen Schlicker dazu; Wandung und Boden werden an der Nahtstelle ineinander gearbeitet.

5 Für drastische Formveränderungen empfiehlt es sich, ein bodenloses ‚Rohr' zu drehen, das dann verformt und auf einen extra Boden aufgesetzt wird. Man verhindert so, daß sich der Boden beim Verformen wirft oder aufreißt.

Diese aufregende schwarze Form von Hans Coper vereint in ihrem Aufbau mehrere verformte Teile. Die unterschiedlich groß gedrehten Teilstücke wurden sehr geschickt und kunstvoll zu einer Gesamtheit verbunden.

7 Eine runde Schüssel wird zu einem Oval verformt, indem aus dem Boden eine Ellipse herausgeschnitten wird. Die Kanten dieses Ausschnittes werden dann eingekerbt und mit Schlicker bestrichen. Das Loch wird durch den Druck auf die Außenwände geschlossen. Damit sich die Seitenwände gut zusammenschieben lassen, sollte das Ganze auf einer feuchten, wasserabweisenden Fläche geschehen, sonst kann sich die Form verziehen.

8 Wenn sich das Loch im Boden geschlossen hat, wird die Nahtstelle mit einer Gumminiere verschmiert und der Boden geglättet. Die Unterseite des Gefäßes kann später, wenn der Ton lederhart geworden ist, noch versäubert werden.

6 Es können auch mehrere solcher bodenloser Rohre gedreht werden, die dann aufgeschnitten, verformt und wieder zusammengesetzt werden können. An den Schnittstellen muß Schlicker angegeben werden, um die einzelnen Teile zu verbinden. Dann setzt man sie auf eine Bodenplatte.

Tonplatten oder Teile davon können in gedrehte Stücke eingefügt werden. Die Steifheit der angebrachten Teile steht in einem sehr wirkungsvollen Kontrast zu der runden und weichen Form des gedrehten Teiles. Dieses Stück ist vom Autor selbst.

Glasieren

So nennt man das Aufbringen einer Glasurschicht in meist flüssiger Form auf die poröse Fläche eines bereits schrühgebrannten Stückes vor dem Glasur- oder Glattbrand (siehe *Brennen*).

Eine Glasur besteht aus drei Hauptbestandteilen, die sich in vielen Mineralien finden, die Silizium enthalten.

Der erste ist das Siliziumdioxid, welches Glas bildet. Der zweite ist ein Flußmittel, das den Schmelzpunkt des Siliciums herabsetzt. Der dritte ist ein Stabilisator, der verhindert, daß die Glasur beim Brennen, d. h. beim Schmelzen von der Tonoberfläche abläuft. Glasuren versiegeln nicht nur die poröse Tonoberfläche, so daß diese wasserundurchlässig wird.

Glasuren kann man in einer Vielzahl verschiedenster Farben, mit den unterschiedlichsten Oberflächenqualitäten und Brenneigenschaften, von Herstellerfirmen fertig in Pulverform beziehen. Manche Keramiker mischen sich jedoch ihre Glasuren aus den Ursprungsmineralien noch selber.

Glasurauftrag

Die folgenden Methoden gelten auch für das Auftragen von Engoben auf ungebrannte Ware (siehe *Engobe-Dekore*). Die meisten Glasurauftragstechniken, mit der Ausnahme des *Puderns,* beziehen sich auf Glasuren im flüssigen Zustand.

Das Glasurpulver wird mit Wasser angesetzt, und die Mischung wird dann durch ein Sieb mit einer lichten Maschenweite von 0,4 bis 0,1 mm je nach gewünschter Feinheit gegossen.

Das Auftragen der Glasur mit dem Pinsel auf eine schon glasierte Fläche ist eine Dekortechnik. Dabei können Flächen mit anders gefärbter oder beschaffener Glasur bestrichen werden, um sehr lebendige Oberflächen zu gestalten. Das Auftragen einer Glasur allein mit dem Pinsel ist jedoch selten erfolgreich, weil es auf diese Weise schwierig ist, eine gleichmäßige Oberfläche zu erreichen. Vor allem bei matten Glasuren werden die Pinselstriche nach dem Glattbrand sichtbar.

Steht eine ausreichende Glasurmenge zur Verfügung, ist das Eingießen der Glasur in die Gefäße die einfachste Methode. Die Gefäße werden damit ausgeschwenkt und die Glasur wieder ausgegossen. Die Außenflächen können durch kurzes Eintauchen in den Glasurbehälter überzogen werden. Hat das Gefäß einen griffigen Fußring, kann es umgedreht gehalten werden, damit die überschüssige Glasur ablaufen kann, bis die Oberfläche nicht mehr naß aussieht.

Außenflächen lassen sich auch durch Übergießen glasieren, dabei wird das Gefäß langsam gedreht. Das ist übrigens eine gute Methode, um mehrere verschiedene Glasuren auf den gleichen Topf aufzubringen. Die verschiedenen Glasurschichten bilden so interessante Kontrastflächen. Wird mehr als eine Glasurschicht aufgetragen, sollte die erste abgetrocknet sein, bevor die nächste aufgebracht wird.

Das Sieben der Glasur
Glasuren kann sich der Keramiker entweder selber nach speziellen Rezepten aus den Grundmaterialien zusammenmischen oder fertig in Pulverform kaufen. Glasuren werden meist flüssig aufgetragen. Sie müssen vorher mit Wasser verrührt und dann durch ein Sieb mit ca. 0,15 mm Maschenweite gesiebt werden.

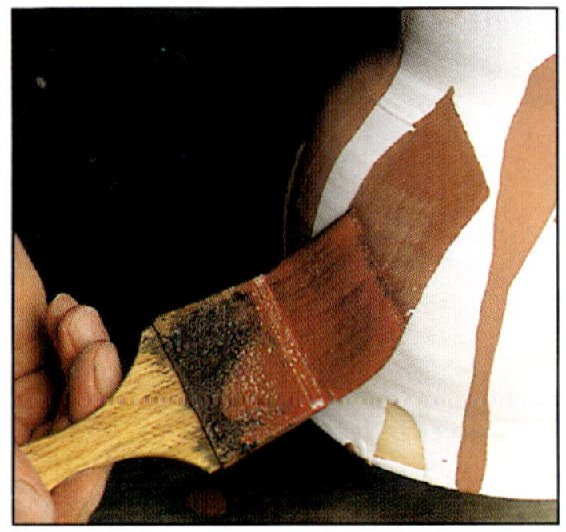

Auftragen von Dekorglasur
Glasuren können auch mit dem Pinsel aufgetragen werden. Das Ergebnis wird eine nicht sehr gleichmäßige und eher scheckige Oberfläche sein. Der Auftrag mit dem Pinsel ist dann angebracht, wenn es sich um das Dekorieren oder Bemalen eines schon flächig glasierten Stückes handelt.

Um einen ganz gleichmäßigen Glasursitz zu erreichen, spritzt man die Glasur auf. Dies sollte möglichst in einer gut belüfteten Spritzkabine mit Abzugsanlage geschehen. Man sollte dabei eine Atemschutzmaske tragen, weil das Einatmen der Glasurpartikel äußerst gesundheitsschädlich ist. Ein Vorteil des Spritzens liegt im geringen Glasurverbrauch. Zum Spritzen braucht man einen Kompressor und eine Spritzpistole. Es gibt aber auch kleine kompakte Spritzapparate, die für ein gelegentliches Spritzen völlig ausreichen. Es muß darauf geachtet werden, die Glasur gleichmäßig und nicht zu dick aufzutragen, sonst bilden sich ablaufende Tropfnasen. Die Spritzpistole soll mit einem Abstand von ca. 45 cm zur Tonfläche gehalten werden. Das Gefäß wird dabei gedreht, um einen gleichmäßigen Glasurüberzug zu erhalten. Auch färbende Oxide und dünne Engobe lassen sich aufspritzen. Die Airbrushtechnik hat sich in den letzten Jahren unter den Keramikern ebenfalls verbreitet, wobei sie hauptsächlich dort angewandt wird, wo es darum geht, feine keramische Farbpigmente zur Dekoration von Flächen aufzusprühen.

Auch Zerstäuber können sehr nützlich sein, um kleine Mengen dünner Glasur, Oxide oder Farben aufzusprühen. Mit einem steifen Borstenpinsel oder einer alten Zahnbürste lassen sich Glasur, Engobe oder Oxide auf eine Oberfläche spritzen (siehe *Bespritzen*).

Rohglasieren

Es ist ein Arbeitsverfahren, bei dem der Schrühbrand entfällt und die Ware nur einmal glattgebrannt wird (siehe *Brennen*). Solche Stücke nennt man dann auch einmalgebrannt oder rohgebrannt. Das Glasieren der rohen Ware kann zu jedem Zeitpunkt geschehen, wird aber meist im lederharten oder trockenen Zustand des Tons durchgeführt. Die Glasuren werden auf die gleiche Weise aufgetragen wie bei geschrühter Ware. Nicht alle Glasuren eignen sich zum Rohglasieren. Man sollte vorher einige Proben machen, denn manche der Glasuren blättern beim Trocknen oder Brennen wieder ab. Das Innere eines Gefäßes wird immer zuerst glasiert. Das Ganze muß so schnell und so behutsam wie möglich vonstatten gehen, da das Wasser der Glasur den ungebrannten Ton wieder aufzuweichen beginnt.

Nach dem Glasieren muß das Gefäß gut durchtrocknen, bevor es gebrannt wird. Der Brandverlauf solcher rohglasierter Ware ist zu Anfang dem des Schrühbrandes ähnlich. Er beginnt mit einem langsamen Temperaturanstieg bis auf 600 °C, danach aber geht es ähnlich wie beim Glattbrand weiter.

Salzglasuren

Diese Glasuren entstehen, indem feuchtes Salz in den Ofen geworfen wird, wenn dieser die Spitzentemperatur für Steinzeug erreicht hat. In der Industrie wurde dieses Verfahren eingesetzt, um Kanalisationsrohre zu glasieren. Wenn feuchtes Salz in den Ofen geworfen wird, zersetzt es sich und setzt Natriumoxid frei. Dieses verbindet sich mit dem Siliziumoxid des Tones und bildet eine glasartige Schicht auf der Oberfläche der gebrannten Ware.

Im Laufe dieses Prozesses werden auch die Innenwände des Ofens und die Einsetzplatten salzglasiert. Aus dem Ofen treten hochgiftige Salzsäuredämpfe aus.

Die Farbe salzglasierter Ware hängt von der verwendeten Tonsorte ab. Eventuell kann ein Schrühbrand vorausgehen (siehe *Brennen*).

Salzglasuren sind in Europa seit Beginn des 16. Jahrhunderts bekannt. Die Technik entwickelte sich wahrscheinlich in Deutschland bei der Herstellung von Vorratsgefäßen und -krügen. Die ersten salzglasierten Stücke waren nicht zusätzlich verziert oder bemalt. Erst später wurden sie mit eingedrückten Dekoren geschmückt.

Eines der bekanntesten Beispiele früher deutscher Salzglasur ist ein Krug mit einem aufmodellierten bärtigen Gesicht am oberen Rand, der dann auch von John Dwight in England kopiert wurde.

Diese Detailaufnahme eines von Walter Keeler gedrehten, aufgeschnittenen und wieder zusammengesetzten Kruges ist ein typisches Beispiel einer ‚Orangenhaut'-Oberfläche. Sie ist charakteristisch für Salzglasuren.

Auftragtechniken

1 Wenn möglich, sollte die Innenseite eines Gefäßes zuerst glasiert werden, damit eventuell übergelaufene Glasur von den Außenflächen entfernt werden kann, bevor auch diese glasiert werden. Die Glasur wird in das Gefäß hineingeschüttet, herumgeschwenkt und wieder ausgegossen. Zurück bleibt ein gleichmäßiger Glasurüberzug.

2 Der ganze Topf kann eingetaucht werden. Hält man ihn dabei umgedreht und waagrecht, kann es passieren, daß eine Luftblase im Inneren bleibt und Teile der Innenflächen nicht mitglasiert werden. Dies kann aber auch eine beabsichtigte Methode sein.

3 Die Glasur kann auch über ein Gefäß gegossen werden, entweder über die gesamte Außenfläche oder nur über bestimmte Bereiche. So entstehen schöne Effekte. Aber auch das muß man üben.

4 Man kann auch mehrere verschiedene Glasuren übereinandergießen und damit sehr interessante und dekorative Farbeffekte erhalten.
Es muß jedoch darauf geachtet werden, daß nicht zu dick glasiert wird, sonst rollt die Glasur beim Brennen ab.

Dieses sehr individuell gestaltete Steinzeuggeschirr von Gus Mabelson zeigt eine durchdachte Anwendung der Salzglasurtechnik. Seine traditionell gehaltenen Formen werden sehr schön durch moderne Dekortechniken ergänzt.

Henkel

Henkel und andere Griffe werden meist gezogen. Sie können auch gepreßt oder gegossen werden (siehe *Strangpressen* oder *Gießen*). Gezogene Henkel sehen an gedrehten Stücken am besten aus.

Um Ton auszuziehen, nehmen Sie ein nicht zu großes Stück Ton und formen es zu einer dicken ‚Karotte', die gut in der Hand liegen soll. Nehmen Sie die Tonkarotte in die Hand und ziehen Sie sie in die Länge. Feuchten Sie den Ton und Ihre Hände gut an. Bei zunehmender Länge kann der Tonstrang auch abgeflacht werden. Halten Sie Daumen und Zeigefinger parallel zueinander und ziehen Sie so noch einmal über den Ton. Zum Schluß kann auch eine Rille hineingedrückt werden. Dazu drücken Sie die Daumenspitze in den Ton und fahren so über die ganze Länge des Henkelstranges. Hat das Stück die erforderliche Länge und Stärke, sollte man es etwas abtrocknen lassen, bevor es als Henkel oder Griffschlaufe angarniert wird.

Eine andere Methode besteht darin, ein Stück Ton an den Rand eines Gefäßes anzusetzen und dann auszuziehen. So wird der Henkel direkt am Werkstück geformt.

Henkelton sollte ziemlich weich sein und beim Ausziehen ständig angefeuchtet werden. Das Wasser verringert den Widerstand und verhindert so, daß der Tonstrang abreißt. Gezogene Henkel können ganz einfach geformt sein. Durch Verdrehen oder Flechten mehrerer Tonstränge können auch sehr kunstvolle Henkel entstehen.

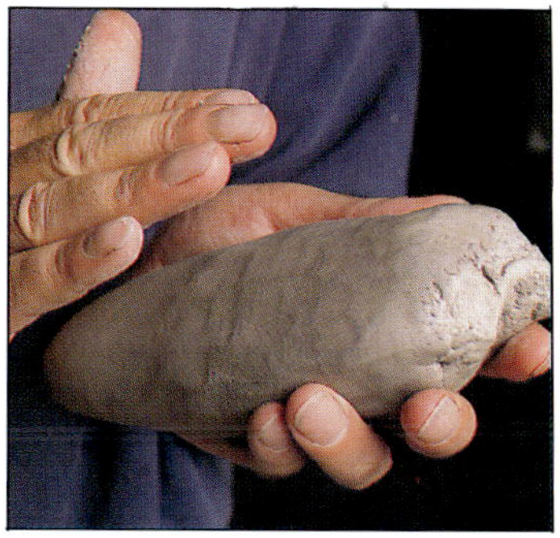

Ein separat gezogener Henkel

1 Bevor mit dem Ausziehen begonnen werden kann, wird ein gut aufbereiteter Tonklumpen zu einer dicken, länglichen Karottenform gedrückt, die gut in der Hand liegt.

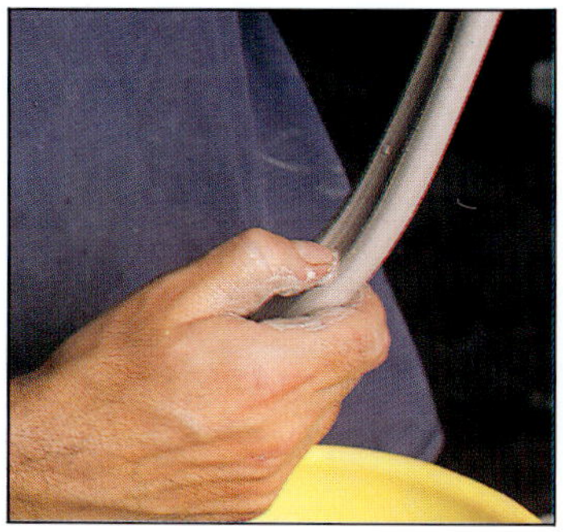

2 Ton und Hände werden gut angefeuchtet, und dann wird der Ton nach unten ausgezogen. Der durch Daumen und Zeigefinger ausgeübte Druck soll gleichmäßig über die ganze Länge des Stranges erfolgen, sonst entstehen dünnere Stellen, an denen der Ton abreißen kann. Hat der Henkel die erforderliche Länge und Stärke erreicht, kann mit dem Daumen noch eine Rinne hineingedrückt werden. Auch dies geschieht in einer gleichmäßig ziehenden Bewegung.

Ein direkt am Gefäß gezogener Henkel

1 Das vorbereitete Tonstück ist zu einer Wurst geformt und wird mit Schlicker an den Krug gedrückt.

2 Der Henkel wird dann normal gezogen. Dies sollte vorsichtig geschehen, so daß der Krug keinen Schaden nimmt. Wichtig ist, daß der Henkel an der richtigen Stelle und bei einem Krug mit einer Schnaupe diesem genau gegenübersitzt.

3 Ist der Henkel fertig gezogen, wird das freie Ende ebenfalls angarniert und verstrichen. Dabei muß darauf geachtet werden, daß der Henkel wirklich senkrecht am Gefäß sitzt. Zum Schluß kann der fertige Henkel noch feucht glattgestrichen werden.

4 Gut gezogene Henkel sehen an gedrehten Stücken sehr schön aus und ergänzen den Gesamteindruck. Ein Henkel sollte immer einen straffen, leicht gespannten Eindruck machen.

Intarsien

Sehr dekorative Effekte entstehen, wenn in ausgeschnittene oder eingedrückte Vertiefungen der Oberfläche andersfarbiger Ton gesetzt wird.

Die Vertiefungen können schmale Kerben oder größere Flächen sein, die aus dem lederharten Ton herausgeschnitten wurden. Die Schwindungseigenschaften des eingelegten Tones sollten denen des Gefäßtones entsprechen, sonst könnten Risse in den Mustern auftreten, da sich sonst die Tonmassen beim Trocknen trennen. Damit dies nicht passiert, nimmt man für beide Tonmassen am besten den gleichen Grundton und färbt einen Teil anders ein.

Wo Engoben für Intarsien verwendet werden, wie bei der japanischen Mishima-Technik, die vor allem Schwarz und Weiß einsetzt, läßt man diese vor dem Auftragen zähklebrig werden. Häufig wird der Engobe auch etwas feine Schamotte zugesetzt. Hierdurch verringert sich die Schwindung (siehe *Zuschlagstoffe*).

Eine andere Methode besteht darin, dünne, eingefärbte Motive aus Ton herzustellen und diese dann auf eine passende Unterlage zu legen und anzufeuchten. Darauf wird dann eine dünne, weiche Tonplatte gelegt und mit einem Rollholz darübergerollt. Die Motive sinken dadurch in die weiche Tonmasse ein, die so gestalteten Platten werden dann zum Aufbauen eines Gefäßes weiterverarbeitet (siehe *Plattentechnik*), oder in eine vorbereitete Form gelegt.

Das Einlegen mit Farbengoben

1 Hier werden die eingeschnittenen Linien mit dicker Engobe bestrichen. Das Risiko, daß die Engobe stärker schwindet kann durch Schamotte verringert werden.

2 Wenn die Vertiefungen gefüllt sind, läßt man die Oberfläche abtrocknen. Ist sie dann lederhart, kratzt man die überstehende Engobe mit einer weichen Klinge oder einem anderen Gegenstand ab, damit die feinen Farblinien freigelegt werden.

Das Einlegen schwarzer Linien in einen hellen Ton ist eine japanische Technik, die Mishima-Technik. Harrison McIntosh hat sie auf dieser Steinzeugschale angewandt, um durch die feinen Linien die grüne Fläche etwas aufzugliedern.

Das Einlegen mit farbigem Ton

1 Hier wurden klarumrissene Muster aus dem lederharten Ton gestochen, die jetzt mit eingefärbtem Ton gefüllt werden. Die Vertiefungen werden dazu etwas angefeuchtet.

2 Der eingefärbte Ton wird dann fest in die Vertiefungen gedrückt, soll aber ruhig etwas über die Fläche überstehen. Die Intarsien müssen gut antrocknen, bevor mit dem Versäubern begonnen wird.

3 Wenn der Ton genügend fest geworden ist, wird eine biegsame Klinge oder eine Metallniere über die Fläche gezogen, um das eingelegte Muster freizulegen.

Einlegen mit ausgeschnittenen Motiven

1 Aus dünnen und unterschiedlich eingefärbten Tonplatten werden Motive und Figuren herausgeschnitten und auf eine poröse Fläche gelegt. Dann wird eine andere weiche Tonplatte darübergelegt und mit dem Rollholz eingedrückt.

2 Die farbigen Tonmotive drücken sich dabei in die weiche Tonplatte und werden so in diese eingebettet.

3 Diese intarsierte Tonplatte kann jetzt über eine passende Gipsform gelegt werden. Bei diesem Beispiel handelt es sich um eine konvexe Pilzform. Die eingelegte Fläche wird also zur Innenseite einer flachen, rechteckigen Schale.

Die eindrucksvollen Muster auf dieser elliptischen Steinzeugvase von Jo Connell entstanden durch das Einlegen verschiedener Motive aus pastellfarbigen Tonen.

Kämmen

Diese Dekortechnik bezieht sich auf das Einritzen paralleler Linien in die Tonoberfläche und kann mit jedem gezahnten Gegenstand durchgeführt werden. Ideal sind ganz gewöhnliche Küchengabeln, Plastikkämme oder Stücke eines alten Sägeblattes, wobei natürlich für spezielle Effekte aus Karton auch eigene Kämmwerkzeuge hergestellt werden können.

Das Einritzen der Oberfläche kann zu jedem Zeitpunkt geschehen, wenn der Ton noch feucht oder auch schon ganz trocken ist, auf jeden Fall aber vor dem Schrühbrand (siehe *Brennen*).

Diese Dekormethode ist allein oder auch in Kombination mit Engobeverzierungen interessant. Das Einritzen legt die ursprüngliche Massefarbe unter dem Engobeüberzug frei. Es ist eine schnelle und einfache Verziertechnik, die oft bei der Serienproduktion einfach geformter Gefäße angewandt wird.

Entlang der eingeritzten Linien entstehen kleine Tongrate, die am besten mit einer trockenen harten Bürste entfernt werden. Damit dabei die Klarheit der Linien nicht verwischt wird, sollte dies erst geschehen, wenn der Ton mindestens lederhart ist.

1 Solche Dinge wie Gabeln oder Stücke eines Sägeblattes können Kämmwerkzeuge sein. Gekämmt werden kann entweder die nackte Tonoberfläche oder eine mit Engobe überzogene Fläche. Durch die Linien scheint dann die eigentliche Tonfarbe hindurch.

2 In ein Stück Karton lassen sich ‚Zähne verschiedener Größen hineinschneiden. So entstehen interessante Varianten bei der Kämmtechnik.

Bei diesem Gefäß des Autors wurde ein Stück eines Sägeblattes in senkrechter und waagrechter Richtung über die Oberfläche gezogen, als der Ton schon lederhart war Die entstandene Struktur dann noch betont, indem Manganoxid in die Linien gerieben wurde und zum Schluß mit dem Pinsel weiße Engobe auf die erhabenen Stellen gestrichen wurde.

Kneten

Bevor der Ton verarbeitet werden kann, muß er gut vorbereitet werden. Er braucht eine gleichmäßige Konsistenz und darf keine Luftbläschen oder Verunreinigungen mehr enthalten. Zugleich braucht er die für eine bestimmte Weiterverarbeitung erforderliche Plastizität. Sogar gekaufter Ton, der aufbereitet ist, muß noch bearbeitet werden, da er durch das Lagern in den Plastiksäcken seine gleichmäßige Konsistenz und seine Feuchtigkeit teilweise verloren hat. Ton, der eine Zeitlang im Freien lagerte, muß besonders gut vorbereitet werden. Dies ist vor allem dann nötig, wenn er während eines Winters draußen lag. Durch Frost kann das im Ton enthaltene Wasser gefroren gewesen sein und seine Struktur und seine Plastizität verändert haben.

Tonhersteller verwenden große Tonmischmaschinen oder Tonschneider, um den Ton aufzubereiten. Dazu wird der Ton in einen Trichter gefüllt und in eine Trommel gepreßt, wo er von sich langsam drehenden Messern zerschnitten und dann durch eine Schneckenwelle verdichtet aus der Maschine herausgedrückt wird. Wem ein solcher Tonschneider nicht zur Verfügung steht, muß den Ton gut kneten und vorher *Schlagen*.

Geknetet wird der Ton, solange er weich, aber nicht klebrig ist.

Kneten Sie ihn auf einer saugfähigen Unterlage, zum Beispiel auf einer hölzernen Werkbank oder auf einer Gipsplatte, die einen Teil des im Ton gebundenen Wassers aufnehmen kann. Vorsicht allerdings mit Gipsplatten: sie müssen in einem sehr guten Zustand sein, sonst geraten abgeplatzte Gipspartikel in den Ton.

Eine Portion Ton wird zu einer festen Masse zusammengeschoben und dann mit den Handflächen nach unten und gleichzeitig von Ihnen weg nach vorne gedrückt, dann von hinten her wieder nach vorne gerollt. Das sollte in einer schaukelnden Bewegung ablaufen und mehrmals wiederholt werden. Dabei entsteht nach und nach eine längliche Rolle. Sie sollte immer mal wieder um 90 Grad gedreht werden. Eine andere Methode ist das Spiralkneten. Hier wird eine Hand auf den Ton gepreßt, während die andere die Masse von der Arbeitsfläche hochzieht. Das vollzieht sich in einer spiralförmig ablaufenden rhythmischen Bewegung. Jetzt können auch verschiedene Zuschlagstoffe unter den Ton gemengt werden. Dazu teilt man ihn in Scheiben und verteilt die Zusätze darauf, um das Ganze wieder zusammenzukneten.

1 Ton wird vor der Verarbeitung geknetet. Drücken Sie mit Ihren Handflächen fest auf die Tonmasse und schieben Sie sie gleichzeitig von sich weg.

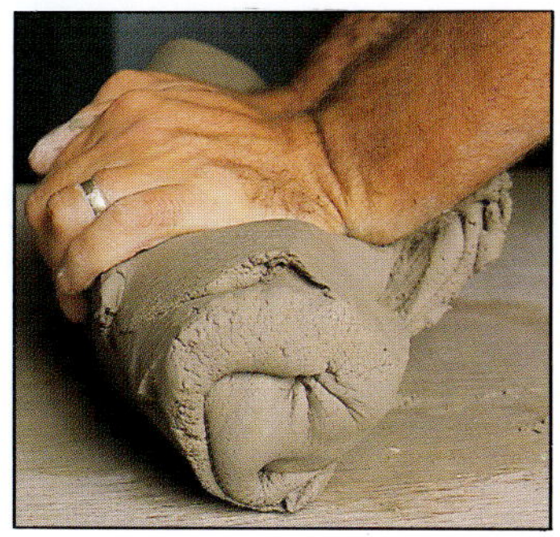

2 Dieser Knetvorgang sollte mehrmals wiederholt werden, damit die ganze Tonmasse gründlich durchgearbeitet wird.

3 Bei dieser Art des Knetens entstehen die sogenannten ‚Ochsenhörner'.

4 Größere Tonportionen lassen sich einfacher so kneten: Drücken Sie mit einer Hand fest auf die Masse, während die andere ihn hochzieht. Diese Methode wird auch Spiralkneten genannt.

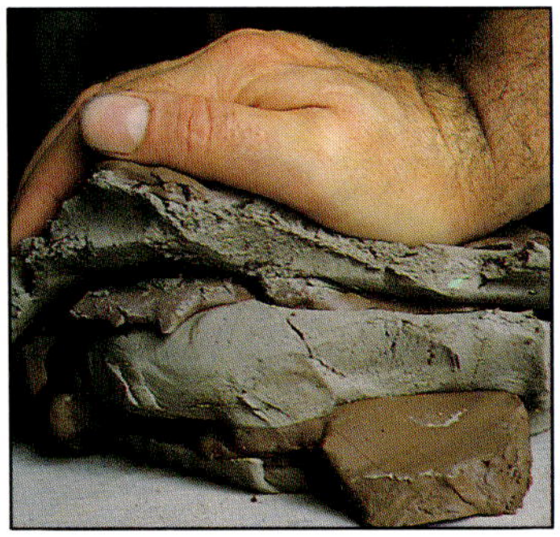

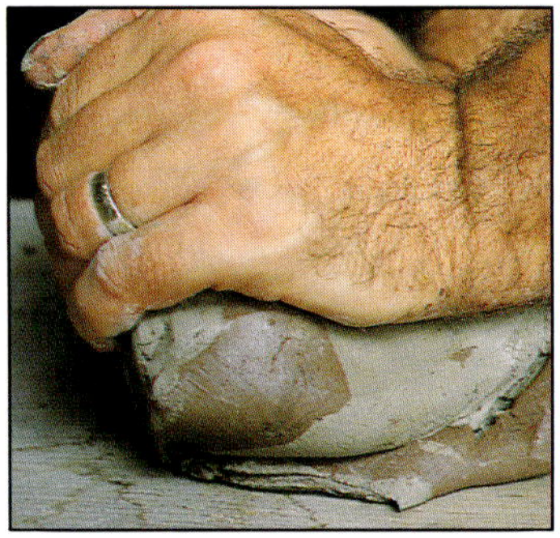

5, 6 Durch Kneten können auch verschiedenfarbige Tonmassen miteinander vermengt werden. Der Ton wird dazu abwechselnd aufeinandergeschichtet und dann kräftig zusammengeknetet.

7, 8, 9, 10 Diese Schnitte durch eine Tonmasse nach dem Zusammenkneten unterschiedlich gefärbter Massen zeigen, wie die Vermischung stattfindet. Am Anfang lassen sich die zwei Farben noch gut separat erkennen. Nach einiger Zeit des Knetens entwikkelt sich die für Achat-Ware typische Marmorierung. Durch weiteres Kneten verschwinden die Farbunterschiede immer mehr, bis sich die Massen schließlich vollständig vermischt haben.

Majolika

Ursprünglich Majolika genannt, bezieht sich dieser Begriff auf weißlich zinnglasierte Irdenware, die ihren Ursprung in der islamischen Welt hatte. Sie verbreitete sich aber im 16. und 17. Jahrhundert sehr schnell in Italien. Die aus Italien stammende Majolika beeinflußte, seitdem die dekorativen Techniken in Europa. Die Herstellungstechnik ist ähnlich der französischen und deutschen Fayencen.

Majolika ist eine Inglasurbemalung (siehe *Farben* und *Bemalen*). Die Tonoberfläche wird mit einer opaken weißen Zinnglasur überzogen. Die Stücke werden zuvor geschrüht oder auch roh glasiert (siehe *Brennen* und *Glasieren*). Heutige Keramiker verwenden eine Vielzahl von verschiedenen Glasuren, die der Zinnglasur ähnliche Ergebnisse liefern. Das Grundprinzip bleibt aber das gleiche. Farbpigmente werden auf die weiß glasierte Oberfläche vor dem Glasurbrand aufgebracht oder -gemalt (siehe *Brennen*). Während des Brandes sinken diese dann ein wenig in die Glasur ein. So entstehen klar umrissene feine Dekore.

Die italienische Majolika war eine bildhaft erzählende Dekorweise. Die weißen Flächen wurden von Künstlern mit Bildern bemalt. Szenen aus dem täglichen Leben, aus Mythen oder Legenden wurden dargestellt. Moderne Töpfer verzieren die weißglasierten Flächen mit einer Aufglasurtechnik, manchmal auch in Kombination mit *Stempel-* oder *Schwammtechniken.*

Mit dem Pinsel
1 Weiße, zinnglasierte Flächen lassen sich sehr wirkungsvoll bemalen. Mit feinen Haarpinseln kann man dünne Linien ziehen, die als Umriß- oder Konturlinien für Farbfelder dienen.

2 Mit breiten Flachpinseln können Farbakzente in die Glasur gesetzt werden. Je nachdem wie der Pinsel gehalten wird, hinterläßt er dünne oder breite Farbspuren.

Mit dem Schwamm
Auch mit einem Schwamm läßt sich Farbe auf eine glasierte Fläche auftragen. Dabei entstehen sehr interessante Strukturen.

Andere Hilfsmittel
Auch mit einem grobgewebten Material lassen sich Muster aufdrucken, die entweder als Hintergrund dienen können oder bestimmte Felder mit Farbe ausfüllen.

Daphne Carnegy setzte hier Farboxide und andere Farbkörper auf eine Zinnglasur. Mit dem Pinsel gezogene Linien umreißen die Farbfelder. Die Farben wurden mit dem Pinsel und dem Schwamm aufgetragen.

Mocha-Ware

Es ist eine besondere Art der Töpferware mit moos-, farn- oder baumähnlichen Motiven auf der Oberfläche.

Diese entstehen dadurch, daß eine Mischung aus Tabaksaft und Farboxiden auf eine noch feuchte Engobeschicht aufgetragen wird. Der sogenannte ‚Mocha-Tee' reagiert mit der feuchten Engobe und läßt die organisch wirkenden Muster entstehen. Sie bleiben auch nach dem Brennen deutlich sichtbar. Der Name Mocha entstand durch die Ähnlichkeit des Effektes mit dem Mochastein, einem arabischen Quarzgestein. Mocha-Ware wurde in England seit 1785 hergestellt. Für den Verkauf produziert wurde sie aber erst im 19. Jahrhundert in den Staffordshire-Töpferwerkstätten. Sie wandten diese Technik bei der Produktion von Krügen und Bechern für Gasthäuser an.

1 Bevor ‚Mocha-Tee' aufgetupft werden kann, muß das lederharte Gefäß mit einer Engobe überzogen werden. Das Eintauchen des Gefäßes geht am besten, wenn genügend Engobe zur Verfügung steht.

2 Wenn die Engobe noch ziemlich nass ist, wird die Mischung mit einem Pinsel auf den Rand der Engobeschicht aufgetupft. Wie durch ein Wunder entstehen baumartige Gebilde, die durch ein erneutes Auftupfen immer mehr Verästelungen bilden. Das geht aber nur bei feuchter Engobe.

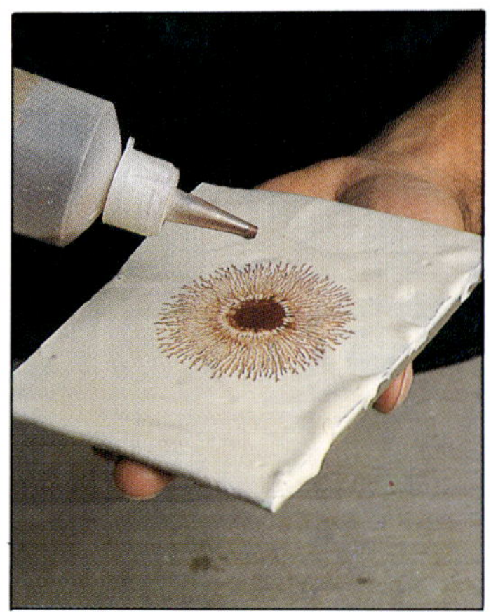

3 Auch gerade Flächen können mit ‚Mocha-Tee' behandelt werden. Hier wird mit einem Malhorn Mocha-Tee auf eine frisch engobierte Kachel getropft. Dabei entsteht ein Muster, das wie Farne aussieht, die sternförmig von einem Mittelpunkt nach außen wachsen.

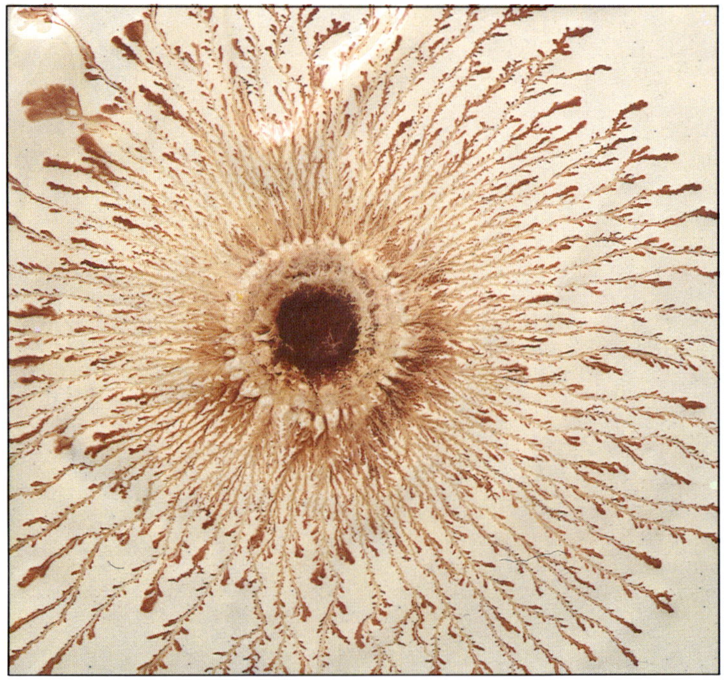

4 Diese Detailaufnahme zeigt das feingliedrige, zarte Muster, das entstanden ist. Das ‚Auge', der Punkt, wo der Mocha-Tee aufgetropft wurde, ist deutlich zu erkennen.

Oberflächeneffekte

Es gibt keine falsche oder richtige Beschaffenheit einer Tonoberfläche. Die Funktion eines Stückes sollte über die angemessene Oberflächenstruktur entscheiden. Dieser Faktor muß schon beim Planen und Entwerfen mitbedacht werden.

Tonsorten können in ihrer Oberflächenbeschaffenheit völlig unterschiedlich sein. Einige Tonmassen sind weich oder fühlen sich grob oder sandig an.

Diese Eigenschaften wirken sich nicht nur auf die Verarbeitungsqualität und Anwendbarkeit aus, sondern auch auf die Qualität der Oberfläche nach dem Brennen. Eine Vielzahl keramischer und organischer *Zuschlagstoffe* können dem Ton zugesetzt werden, um sein Gefüge zu verändern und seine Verarbeitung zu beeinflussen. Mit einer ganzen Reihe verschiedener Dekortechniken läßt sich Ton zu jedem Zeitpunkt, vom feuchten bis zum geschrühten Zustand, bearbeiten. Und sogar danach läßt sich die Oberflächenstruktur noch wesentlich durch das Auftragen verschiedener Glasuren verändern. Ihre Inhaltsstoffe reagieren auf eine bestimmte Weise bei bestimmten Temperaturen miteinander. Je nach Inhaltsstoffen können Glasuren von spiegelglatt und glänzend bis zu dem typischen Seidenmatt variieren, wenn sie das Mineral Dolomit enthalten. Sie können aber auch mit Kratern und Blasen übersäte Oberflächen ausbilden, wenn sie einen zu hohen Anteil Siliziumkarbid enthalten.

◄ Oberflächen können je nach verwendeter Glasur spiegelglatt, glänzend oder auch mit Blasen und Kratern übersät sein. Die wie zerfressen aussehende Oberfläche dieser Steinzeugschale von Lucie Rie ist das Ergebnis einer Siliziumkarbid enthaltenden Glasur, die beim Brennen Blasen wirft und dann lavaähnlich erstarrt.

▲ Für dieses zusammengesetzte Gefäß nahm Hans Coper einen sehr grobkörnigen Ton. Die Plastizität des Stükkes wurde noch dadurch verstärkt, daß er Mangandioxid auf den unglasierten Ton aufrieb.

▼ Um die strukturierte Oberfläche dieser gedrehten und dann veränderten Gefäße zu erhalten, preßte der Autor schwarze Engobe durch ein grobmaschiges Gewebe auf die Tonfläche. Dicke weiße Engobe wurde dann zusätzlich auf den grobkörnigen Ton gekrümelt.

Plattentechnik

Tontafeln oder -platten, die zum Aufbauen von Gefäßen und Objekten dienen, bieten dem Keramiker vielfältige Gestaltungsmöglichkeiten. Die Tonplatten können einzeln ausgerollt werden, am besten auf einem Tuch, damit sie nicht auf der Arbeitsfläche festkleben. Dazu nimmt man ein Rollholz und zwei Holzleisten, die die Dicke der ausgerollten Platten festlegen. Der Tonlappen sollte beim Ausrollen regelmäßig gewendet werden. Gerollt wird immer von innen nach außen. So dehnt sich die Platte leichter aus. Solche Platten lassen sich aber auch von einem sogenannten Blätterstock mit einem verstellbaren Drahtbogen abschneiden oder mit einer Strangpresse herstellen.

Großflächige Platten verziehen sich gerne beim Trocknen und Brennen. Deshalb ist eine grobe Masse mit einem hohen Anteil Schamotte und Sand besser geeignet.

Da die Tonplatten, wenn sie noch weich sind, nicht alleine stehen können, legt man sie am besten in oder auf eine Gipsform, die wiederum als Teil einer zukünftigen Gefäßform dienen kann. Zylinderformen entstehen, indem man die weiche Tonplatte um ein Rohr oder Rollholz herumlegt. Das aber sollte zuvor mit Zeitungspapier umwickelt werden, damit der Ton nicht am Holz klebenbleibt. Lederharte Tonplatten lassen sich sehr gut schneiden und zusammenfügen. Um bestimmte Formen und Größen zu erhalten, verwendet man Schablonen aus Karton oder Papier.

Das Schneiden der Tonplatten

1 Mit einem verstellbaren Drahtbogen werden die Tonplatten von einem vorbereiteten Tonbatzen, dem Blätterstock, geschnitten.

2 Die einzelnen Blätter werden dann auf einem Tuch ausgerollt. Zwei danebengelegte hölzerne Führungsleisten garantieren eine gleichbleibende Stärke. Rollen Sie den Ton von der Mitte nach außen. Er kann sich so auf dem Tuch ausdehnen, ohne zu sehr hineingedrückt zu werden. Wenden Sie die Tonplatte dabei regelmäßig.

Eine Zylinderform

1 Um einen Zylinder zu erhalten, schneiden Sie zunächst die obere und die untere Kante der Tonplatte gerade ab. Wickeln Sie um die Formröhre eine Lage Zeitungspapier, und legen Sie die Tonplatte darum.

2 Die sich überlappenden Enden werden mit einem schräggehaltenen Messer zusammen durchgeschnitten. Entfernen Sie die Abschnitte. Rauhen Sie beide Schnittkanten auf, und bestreichen Sie sie mit nicht zu weichem Schlicker. Dann stoßen Sie beide Kanten fest zusammen.

3 Die Zylinderform kann dann auch auf eine Standfläche gesetzt werden. Dazu müssen beide Teile wieder aufgerauht und mit Schlicker versehen werden. Die Formröhre muß entfernt werden, sobald der Ton anfängt zu trocknen.

4 Jede Unregelmäßigkeit kann jetzt begradigt werden. Messen und markieren Sie die gewünschte Randhöhe. Verbinden Sie die Punkte zu einer Linie um das Gefäß, und schneiden Sie den Rand entlang dieser Linie glatt ab. Wenn möglich sollte eine dünne Tonschnur in die Nahtstelle eingearbeitet werden.

Eine Kastenform

1 Lederharte Platten können zu einem Gefäß zusammengebaut werden. Zuvor müssen aber die Kanten aufgerauht und mit Schlicker versehen werden.
Bauen Sie die Form möglichst auf einer Grundplatte auf.

2 Tonplatten, die gerade noch lederhart sind, lassen sich zu sehr klaren und formalen Gefäßen zusammenbauen. Wegen der Belastung der Nahtstellen während des Trocknens und Brennens empfiehlt sich für diese Arbeit eine grobe, poröse Tonmasse.

3 Sind alle Seiten miteinander verbunden, werden die Nahtstellen auch außen verstrichen und geglättet. Dies muß auch auf der Außenseite sehr sorgfältig geschehen, damit die Nahtstellen nicht aufreißen können.

4 Der Rand wird eingemessen und so beschnitten, wie das zuvor in Punkt 4 (gegenüber) beschrieben wurde. Dazu nimmt man ein scharfes Messer oder einen kleinen Drahtbogen (wie hier zu sehen).

▶ Die schwarz-weiß Musterung dieses aus Tonplatten aufgebauten Gefäßes von Michael Bayley entstand durch dünne Scheiben, die aus einem geschichteten Tonblock geschnitten wurden. Die Scheiben wurden dann auf eine Tonplatte gelegt und hineingedrückt, getrocknet und zusammengesetzt.

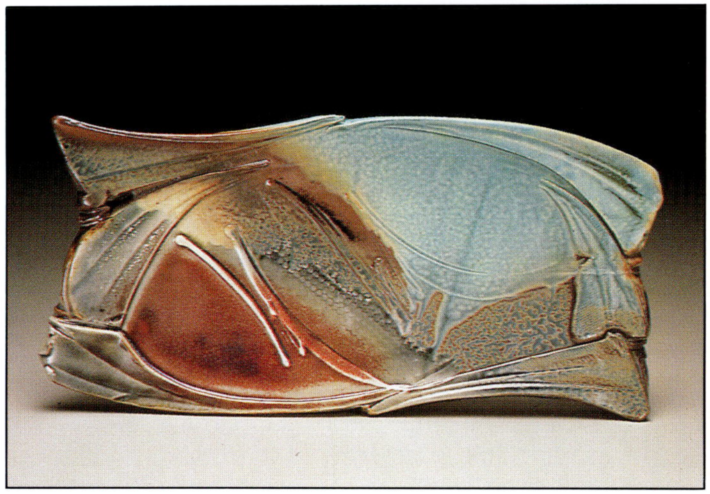

▲ Der Stil dieses zusammengesetzten Tabletts von Steven Hill erinnert an ein Art-Deco-Objekt. Die teilweise eingedrückte und mit Engobe bemalte Oberfläche wurde mehrmals glasiert. So entstand ein sehr dekorativer und doch funktionaler Gegenstand.

Plastisch gießen

Das Gießen ist eine sehr rationelle und billige Herstellungsmethode. Mit ihr lassen sich ganze Serien produzieren, die aber durch eine individuelle Dekoration ihren eigenen Charakter erhalten können. Anders als der nur mit Wasser verdünnte Glasurschlicker muß der Gießschlicker, die Gießmasse, ein sogenanntes ‚Verflüssigungsmittel', meist Natriumsilikat, enthalten. Der Ton muß ohne große Wasserzugabe flüssig genug sein, um ihn gießen zu können.

Die Gießmasse wird in eine ein- oder mehrteilige Gipsform gebracht. Im Inneren der Form baut sich an der Wand eine gleichmäßige Schicht aus festerem Ton auf. Der poröse Gips der Form entzieht dem Tonschlicker das Wasser, so daß der Spiegel der eingegossenen Masse absinkt. Deshalb muß nachgegossen werden, bis sich die gewünschte Stärke der Tonwandung aufgebaut hat. Dann wird der überschüssige Gießschlicker ausgegossen. Die Form wird zum Abtropfen umgedreht stehengelassen. Kommen keine Tropfen mehr heraus, dreht man sie wieder um und läßt sie stehen, bis die Tonschicht im Inneren nicht mehr glänzt, also nicht mehr naß ist.

Gegossene Gefäße können fast auf die gleiche Weise dekoriert werden wie alle anderen. Es entstehen hierbei aber meist dünnwandigere Gefäße. Das kann dazu führen, daß der Ton nach dem Schrühbrand das in der Glasur enthaltene Wasser nicht so gut aufnimmt.

1 Speziell verflüssigter Gießschlicker wird in eine zweiteilige Gipsform gegossen, die mit Gummibändern oder Schnüren zusammengehalten wird. Meist muß nachgegossen werden, weil der Gips einen Teil des im Schlicker enthaltenen Wassers absorbiert.

2 Sieht man, daß sich an der Öffnung eine etwa 3 mm dicke Tonschicht aufgebaut hat, wird die Form ausgegossen. Das sollte vorsichtig geschehen, sonst könnte sich im Inneren ein Vakuum bilden, das den weichen Ton von den Innenwänden wegzieht.

3 Nach dem Ausgießen läßt man die Form umgekehrt abtropfen. Mit dem Finger kann man fühlen, ob der Tonschlicker schon genügend fest geworden ist und man die Form öffnen kann.

4 Der Ton aus dem Eingußbereich muß sorgfältig entfernt werden, bevor die Gipsform geöffnet werden darf.

5 Dann wird die Form geöffnet. Sehen Sie die ‚Schlösser', die dafür sorgen, daß die Formteile richtig und genau übereinandersitzen.

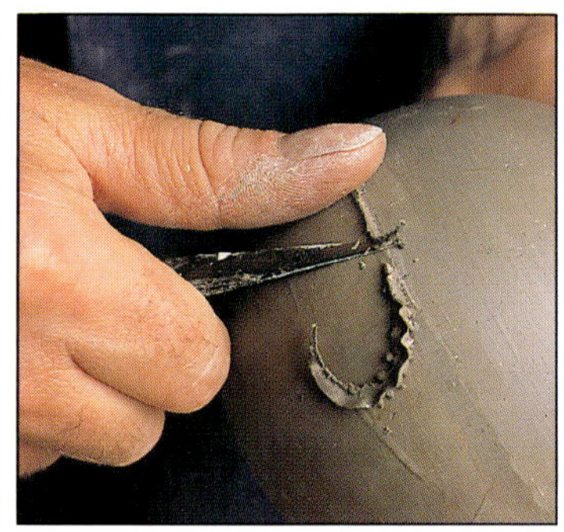

6 Ist der Gießling so trocken, daß man ihn anfassen kann, ohne daß Druckstellen entstehen, wird er aus der Form genommen. Eventuell entstandene Gießnähte werden mit dem Messer abgeschnitten und versäubert.

Polieren

Die Technik des Polierens der Tonoberfläche ist eine Möglichkeit, die Oberfläche zumindest teilweise zu versiegeln, wenn bei niedrigen Temperaturen gebrannt wird. Sie läßt sich zurückverfolgen bis ins Altertum und wird auch heute noch in weniger entwikkelten Kulturen angewandt. Einst aus Notwendigkeit heraus entstanden, verbreitet sich diese Technik heute zunehmend in ganz Europa und Amerika als dekorative Methode. Das Polieren besteht ganz einfach darin, die Tonfläche mit einem glatten Gegenstand abzureiben, so daß eine spiegelglatte Oberfläche entsteht. Poliert wird, wenn der Ton lederhart oder trokken ist. Gleichzeitig hat es eine verdichtende Wirkung auf die Tonpartikel. Die meisten Tonmassen vertragen das; feinere Tonsorten bekommen natürlich eine glattere Oberfläche. Bei gröberen Tonsorten kommen die Schamotte- oder Sandpartikel dabei an die Oberfläche und kratzen. Die Oberflächenfarbe wird durch die Tonfarbe bestimmt. Man sollte also einen Ton mit einer angenehmen Farbe auswählen, wenn das Gefäß nicht vor dem Polieren noch einen Engobeüberzug erhält.

Mögliche Polierwerkzeuge können sein: glatte, runde Kieselsteine, die Außenseite eines Metallöffels, glatte Messergriffe, hölzernes Modellierwerkzeug und sogar Luftpolsterfolie. Welches dieser Geräte Sie verwenden, hängt meist von der Form des zu bearbeitenden Gefäßes ab.

Es ist vielleicht einfacher, ein Gefäß im lederharten Zustand zu polieren. Doch beim Durchtrocknen wird die glänzende Oberfläche oft wieder absinken. Einen haltbareren Glanz erhält man, wenn man einen trockenen Ton mit etwas Wasser besprüht. Noch bessere Ergebnisse erzielt man mit einer dünnen Engobeschicht auf der Oberfläche, die beim Trocknen auch nicht abblättern wird. Das Polieren durchgetrockneter Gefäße ist heikel, weil das Gefäß in diesem Zustand äußerst spröde und anfällig ist und schnell zerbrechen kann.

Es gibt keine falsche oder richtige Vorgehensweise: Manche Töpfer arbeiten mit kleinen Kreisbewegungen, andere mit senkrechten oder waagrechten Strichbewegungen oder mit einer Kombination aller drei Methoden. Wichtig ist, daß die gesamte Oberfläche des Stückes bearbeitet wird, außer wenn bestimmte Bereiche absichtlich unpoliert bleiben sollen.
Das polierte Werkstück wird anschließend schrühgebrannt (siehe *Brennen*), aber möglichst nicht über 950 °C, sonst geht der Glanz verloren. Alternativ dazu kann ein polierter Topf auch mit Sägemehl gebrannt werden, das verleiht ihm eine sehr belebte, schwärzlich gescheckte Oberfläche (siehe *Sägemehlbrand*). Nach dem Brennen kann das Stück entweder ohne weitere Bearbeitung bleiben oder mit Öl oder Wachs poliert werden, um den Glanz noch zu verstärken.

1 Eine Vielzahl von Gegenständen kann als Polierwerkzeug dienen, und als Töpfer entwickelt man schnell seine persönlichen Vorlieben. Sogar solche Dinge wie Luftpolsterfolie und Zahnarztbesteck finden Anwendung, genauso wie Löffel, Kieselsteine und Messergriffe.

2 Mit einem Messergriff lassen sich große Flächen einfach geformter Stücke schnell und effektiv bearbeiten.

3 Hier wird die runde Seite eines Löffels in kleinen Kreisbewegungen auf der äußeren Oberfläche geführt. Mit derselben Methode lassen sich auch die Innenflächen schalenförmiger Gefäße bearbeiten.

4 Bei gröberen Tonsorten kommen Schamottepartikel an die Oberfläche und kratzen, ein feiner Engobeüberzug hilft, auch diese Flächen erfolgreich zu polieren.

5 Trockene Stücke können entweder mit etwas Wasser besprüht und dann sofort poliert werden, oder die trockene Oberfläche wird vor dem Polieren mit Engobe im gewünschten Farbton bestrichen.

6 Beim Polieren trockener Oberflächen entsteht ein höherer Glanzgrad als auf lederharten, außerdem bleibt der Glanz eher erhalten.

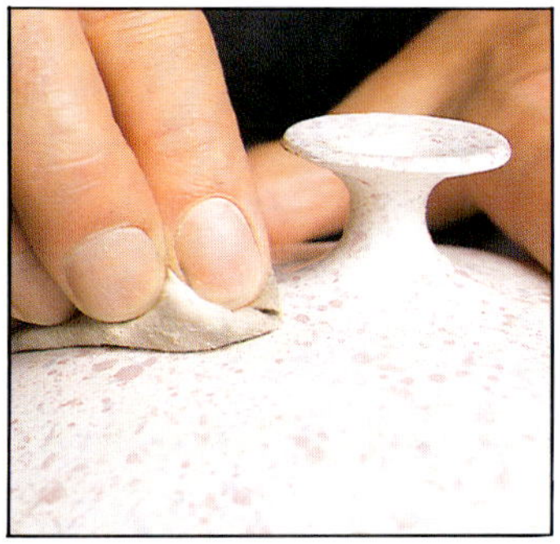

7 Nach dem Schrühbrand kann polierte Keramik leicht eingewachst werden. Das versiegelt die Oberfläche und verstärkt noch den Glanzgrad.

Diese Arbeit von Magdalene Odundo bildet ein Bindeglied zwischen den einfachen traditionellen Handform- und Poliertechniken, wie man sie häufig bei afrikanischen Gefäßen findet, und dem eher künstlerischen Ansatz der westlichen Keramiker, deren Arbeiten oft mehr die reine Form als die Funktion in den Vordergrund stellen.

Preßformen

Gipsformen setzt ein Töpfer dann ein, wenn er kompliziertertere Formen herstellen will, die sich mit der Hand nur schlecht fertigen lassen, oder wenn er eine Serie identischer Gefäße produzieren muß. Solche Gipsformen gibt es seit dem 18. Jahrhundert. Mit ihnen wird beim *Gießen, Überdrehen* und beim *Preßformen* gearbeitet.

Beim Preßformen werden Platten oder Stücke aus weichem, elastischem Ton in oder über eine Gipsform gepreßt. Eine einfache Methode um große Schalen oder Teller herzustellen. Preßformen mit einer konkaven Innenfläche werden oft als Mulden- oder Hohlformen bezeichnet, Formen mit konvexen Flächen als Buckel- oder Streckformen, weil der Ton über die Gipsform gelegt wird.

Es gibt auch zwei- oder mehrteilige Gipsformen. Die Teile der Form werden dann einzeln mit Ton belegt, die Kanten aufgerauht, mit Schlicker bestrichen und dann die beiden Teile zusammengesetzt und fest miteinander verbunden. So können auch kompliziertere Formen gebildet werden.

Arbeiten mit einer Hohlform

1 Das Auslegen einer muldenförmigen Gipsform mit weichen Tonplatten ist eine einfache, aber sehr erfolgreiche Methode, um flache Schalen zu erhalten.

2 Die Tonplatte wird mit Hilfe eines feuchten Schwammes in die Form gepreßt.

3 Eine angefeuchtete Gumminiere wird zum Einformen und Glätten der Oberfläche genommen.

4 Über die Form reichender Ton wird entfernt, indem ein straffgespannter Draht über die Oberkante der Gipsform gezogen wird.
Noch in der Gipsform kann bemalt werden.

Die Innenflächen preßgeformter flacher Schalen bieten viele Dekorationsmöglichkeiten. John Ablitt verwendete auf dieser polierten Schale viele verschiedenfarbige Engoben für geometrische Muster.

Andere Möglichkeiten des Einformens

1 Hohle Formen mit reichstrukturierter Außenfläche entstehen, indem zwei pressgeformte Hälften zusammen gefügt werden. Auch mit nur einer Preßform ist dies möglich. Beginnen Sie das Auslegen der Gipsform mit individuell geformten Tonstückchen, die etwa 5 mm dick sind.

2 Wenn die gesamte Innenfläche der Gipsform bedeckt ist, verstreichen Sie die Stückchen zu einer glatten Fläche. Das schafft die Verbindung der Teile untereinander Für besonders große Formen kann man noch ein wenig Ton dazugeben. Stürzen Sie diese erste Hälfte dann vorsichtig auf ein Brett.

3 Diese zweite Hälfte lassen Sie in der Gipsform. Rauhen Sie die Kanten beider Hälften etwas auf. Streichen Sie Schlicker darauf, und drücken Sie die beiden Hälften aufeinander. Diese Hohlform kann nun weiterbearbeitet werden, wenn man einen Fußring oder einen Hals ansetzt. Oder die Form wird so belassen.

Jo Connell setzt für Gefäße die Technik des Preßformens ein. Die Muster werden zuerst in die Tonplatte eingelegt. Diese wird dann mit der eingelegten Seite zuerst in die Preßform gedrückt. Das Gefäß besteht aus zwei Hälften.

Arbeiten mit einer Pilzform

1 Schalen entstehen, wenn man weiche Tonplatten über eine Pilz- oder Streckform legt.

2 Die Tonplatte wird mit einem nassen Schwamm auf die Gipsfläche gedrückt und geglättet. Der überstehende Ton wird mit einem Draht oder Messer abgeschnitten. So erhält die Schale einen deutlichen Rand.

3 Auch die Fläche solch einer Pilzform läßt sich mit kleinen geformten Tonstückchen belegen. Sie werden dann verstrichen und bilden so eine sehr interessante Innenfläche der Schale.

4 Die so gestaltete Innenfläche kann bleiben, wie sie ist. Die Zwischenräume können auch mit Ton oder Engobe in einer anderen Farbe ausgefüllt werden. Ist so eine Fläche dann versäubert, werden die Farben das Tonmuster noch stärker betonen.

Pudern

So nennt man das Aufbringen einer Glasur in Pulverform. Im 17. Jahrhundert wurden in England mit Hilfe dieser Technik die damals üblichen Bleiglanzglasuren auf engobierte Geschirrware aufgebracht. Diese Bleiglanzglasuren sind äußerst giftig und gefährlich. Sie werden heute auch nicht mehr verwendet. Die Methode des Aufpuderns einer Glasur aber kann immer noch angewandt werden. Man muß allerdings darauf achten, den Glasurstaub auf keinen Fall einzuatmen. Man sollte dabei also eine gute Staubschutzmaske tragen.

Am besten läßt sich ein noch feuchter, ungebrannter Ton bepudern, der das trockene Glasurpulver sofort aufsaugt. Deshalb wird das Pudern auch oft im Zusammenhang mit dem Einbrandverfahren genannt (siehe *Glasieren*). Die Methode ist einfach: Geben Sie eine kleine Menge pulverförmiger Glasur in ein Sieb, halten Sie es über die Tonfläche und schütteln Sie das Sieb sanft, so daß das Pulver gleichmäßig auf die Oberfläche des Stücks fällt. Man kann auch eine Bürste zum Durchdrücken des Glasurpulvers durch das Sieb nehmen.

Hier wird durch ständiges Schütteln des Siebes die pulverförmige Glasur auf die Schale aufgebracht. Dabei sollte eine Staubmaske getragen werden, weil die gesundheitsschädlichen Glasurpartikel nicht eingeatmet werden dürfen.

Im 17. Jahrhundert war es üblich, Bleiglanzglasuren mit Hilfe eines Säckchens aufzupudern. Schlickerbemalte große Teller, wie dieser hier von Thomas Toft, waren meist auf diese Weise glasiert.

Raku-Ware wurde im 16. Jahrhundert als eine Art niedrig gebrannter Keramik in Japan entwickelt. Der kurze, schnelle Ablauf des Rakubrandes – die Stücke werden noch glühend heiß aus dem Ofen genommen – und die dabei entstehende interessante Oberfläche haben dazu geführt, daß der Rakubrand im letzten Jahrzehnt auch in Europa immer beliebter wurde. Die starken Temperaturwechsel, die die Ware aushalten muß, erfordern eine sehr poröse Masse, der ein hoher Anteil Schamotte oder Sand zugesetzt werden muß (siehe *Zuschlagstoffe*). Das kann sich jeder Töpfer selbst zusammenmischen, aber es gibt auch schon fertig angesetzte Rakutone im Handel zu kaufen.

Rakukeramik kann mit jeder Arbeitsmethode und Aufbautechnik hergestellt werden. Dünne Stücke sind oft haltbarer. Nahtstellen können beim Brennen und Abkühlen schnell aufreißen.

Wenn während des Aufbauprozesses Tonteile aneinandergefügt werden, sollten diese Nahtstellen besonders gut miteinander verkittet werden (siehe *Plattentechnik*). Auch diese Gefäße lassen sich wie alle anderen zum entsprechenden Zeitpunkt dekorieren und verzieren. Sie werden auch genauso geschrüht, allerdings bei ca. 900 °C, damit sie ausreichend porös bleiben, um die Temperaturschocks aushalten zu können. Nach dem Schrühbrand können die Stücke (siehe *Glasieren*) mit Rakuglasuren und Farben glasiert werden.

Die Glasuren sollten bei einer Temperatur von 900 ° bis 1000 °C schmelzen. Diese Rakuglasuren kann man fertig kaufen oder auf einfachste Weise aus einer Vielzahl möglicher Fritten selbst herstellen, denen etwa 5–10% Tonmasse und färbende Metalloxide hinzugefügt werden.

Der Raku-Brand

Rein theoretisch könnte jeder Brennofen zum Raku-Brennen verwendet werden. Die Tatsache aber, daß zum Herausnehmen der heißen Ware Metallzangen verwendet werden, läßt einen elektrischen Brennofen doch etwas gefährlich erscheinen. Der Strom sollte vorher abgeschaltet werden. Während des Brennens entsteht viel Dampf und Rauch. Man sollte also am besten im Freien brennen.

Man läßt den leeren Ofen auf ungefähr 1000 °C aufheizen, während dieser Zeit soll die glasierte Ware an einem warmen Ort stehen, meist auf oder neben dem Ofen, damit die Glasur durchtrocknet.

Dann werden die Töpfe mit der Zange in den glühenden Ofen gestellt und bleiben dort, bis die Glasur ‚naß' aussieht. Das heißt, die Glasur ist geschmolzen. Je nachdem, was für einen Ofen und welche Glasur Sie verwenden, kann diese Phase von 5 bis zu 20 Minuten dauern.

Ist die Glasur geschmolzen, werden die Töpfe herausgenommen und können noch heiß mit Sägemehl oder einem anderen brennbaren organischen Material (z. B. getrocknete Blätter) bedeckt werden, so daß eine Reduktion stattfindet (siehe *Brennen*). Krakeleerisse in der Glasur sind ein typisches Merkmal des Rakuverfahrens. Wenn dieser Effekt erwünscht ist, kann man die Töpfe vor dem Abdecken kurz an der Luft abkühlen lassen. Das fördert die Krakeleebildung. Danach werden sie in kaltes Wasser getaucht, um den Abkühlprozeß zu beenden. Dies verhindert, daß die glasierte Oberfläche wieder oxidiert. Die abgekühlten Gefäße werden gewaschen und mit Stahlwolle abgerieben. Dann zeigen sich die entstandenen Farben.

1 Hier wurden die glasierten Gefäße um den Ofen herum gestellt, damit sie vor dem Brennen gründlich trocknen können. Machen Sie sich keine Sorgen wegen etwaiger Verfärbungen durch den Rauch. Sie werden die Farbbildung nicht beeinträchtigen.

2 Die glasierten Töpfe können entweder in den sich aufheizenden Ofen gestellt oder erst später, wenn die Temperatur etwa 1000 °C erreicht hat, mit langen Metallzangen hineingesetzt werden. Steht Ihnen keine Temperaturmeßmethode zur Verfügung, können Sie von der hellrot glühenden Brennkammer auf die erreichte Temperatur schließen.

3 Ein genauer Blick in die Brennkammer sagt Ihnen, ob die Glasur schon geschmolzen ist, denn dann müssen die Töpfe herausgenommen werden. Die Stücke sind dann fertig, wenn die Glasur naß aussieht. Man kann es hier auf dem Foto sehen.

4 Nach dem Herausnehmen werden die Stücke in einen Metalleimer mit Deckel gesteckt, der Sägemehl oder ein anderes brennbares Material erhält, mit demselben Material auch bedeckt, und der Dekkel auf den Eimer gelegt. Da die Sauerstoffzufuhr dadurch begrenzt wird, findet eine Reduktion statt, die die Farben und die Oberfläche der Stükke auf vielfältige Weise verändert.

5 Nimmt man die Stücke aus dem Sägemehl heraus und hält sie an die Luft, fangen sie an zu brennen und damit zu reoxidieren. Das heißt, die Farben verwandeln sich zurück in ihren oxidierten Zustand.

6 Der Reduktionseffekt wird dadurch fixiert, daß die brennenden Stücke sofort in kaltes Wasser getaucht werden und dadurch sehr schnell abkühlen. Dies ist der kritische Punkt, an dem sich eine gute Verarbeitung des Tones zeigt. Alle geschlossenen oder besonders zerbrechlichen Formen läßt man besser langsam abkühlen, indem man sie nach der Reduktion mit feuchtem Sägemehl abdeckt.

Diese kleine Gruppe rakugebrannter Gefäße wurden mit einer Kombination weißer und grüner Glasuren überzogen. Die Brennkammer war gerade so groß, daß alle vier Stücke hineinpaßten. Sie wurden kurz nacheinander herausgenommen. Durch die starke Reduktion hat sich die grüne, kupferhaltige Glasur bronzefarben verfärbt. Der Ton wurde an den Stellen tiefschwarz, wo er nicht glasiert war.

▲ Diese aus Tonwülsten aufgebaute Flaschenform von David Roberts weist eine starke Krakeleebildung auf. Er förderte diesen Effekt, indem er die Vase nach dem Herausnehmen aus dem Ofen einige Minuten an der Luft stehen ließ, bevor er weiter reduzierte. Durch die Reduktion färbten sich die Linien schwarz.

▼ Der hell glasierte Fisch auf Frank Boydens zur Kugel gedrehten Vase steht in scharfem Kontrast zu den durch Reduktion schwarzen Flächen. Diese wurden mit ‚Terra Sigillata'-Engobe überzogen.

▲ Die irisierenden Farben auf dieser Vase von Harvey Sadow entstanden durch eine Kombination von Engoben, Farbkörpern, mehrmaligen Rakubränden und durch Sandstrahlen.

Rändern

Wie der Name schon sagt, bedeutet dies das Auftragen von farbigen Rändern und Linien auf eine runde Form. Das kann zu jedem Zeitpunkt geschehen: bevor das Werkstück ganz fertig ist als auch später und sogar nach dem Brennen.

Eine schwere Drehscheibe, Ränderscheibe genannt, die extra für diese Dekortechnik entworfen wurde, ist dabei sehr hilfreich. Eine normale Drehscheibe tut es aber auch. Es gibt zum Auftragen der Farbe spezielle Pinsel, die genug Farbe aufnehmen, so daß man ein ganzes Band auftragen kann, ohne zwischendurch wieder Farbe aufnehmen zu müssen. Was für Farben Sie benützen, wird vom Zustand der Arbeit bestimmt. Engoben können auf feuchte wie auch auf trockene Oberflächen aufgebracht werden, (manche speziell dazu angemischte Engoben können sogar auf knochentrockenen Ton gepinselt werden). Wenn das Werkstück schon ganz trocken oder sogar schrühgebrannt ist, dann können immer noch Metalloxide oder Unterglasurfarben aufgetragen werden.

Oxide und Aufglasurfarben können kurz vor dem Glattbrand auf schon glasierte Stücke aufgebracht werden. Und wenn der Glatt- oder Glasurbrand beendet ist, können immer noch Aufglasur- Emailfarben und Lüsterglasuren auf die Oberfläche aufgebracht und dann noch einmal gebrannt werden.

Diese Rändertechnik spielt eine große Rolle bei der *Majolika,* bei der Farblinien eingesetzt werden.

1 Bänder und Linien können auf gerade fertig gedrehte Gefäße gemalt werden, die noch auf der Drehscheibe stehen, oder auf trockene, die schon abgedreht wurden. In beiden Fällen können Engoben verwendet werden.

2 Wenn ein Stück bereits schrühgebrannt ist, werden Unterglasurfarben verwendet. Bei dünnen Linien ist es besonders wichtig, daß die Farbmenge des Pinsels für eine ganze Umdrehung reicht. Verwenden Sie, wenn möglich, lieber eine schwere Ränderscheibe, weil die Rotation hier gleichmäßiger und ruhiger ist.

3 Farbstreifen können auch sofort nach dem Glasieren, aber vor dem Glasurbrand aufgetragen werden. Die weiche und aufnahmefähige Oberfläche ist zu diesem Zeitpunkt jedoch sehr empfindlich; man muß sehr vorsichtig sein, damit die Glasur nicht abspringt.

Bei dieser sehr feingedrehten und lüsterglasierten Porzellanschale von Mary Rich wurde die Rändertechnik eingesetzt, um die stark geometrisch gemusterten Goldbänder voneinander abzuheben.
Ihre Arbeiten lassen eine starke Beeinflussung durch islamische und andere östliche Kulturen erkennen.

Reliefdekore

Dieser Begriff bezieht sich auf sich wiederholende Tonapplikationen, die auf der Oberfläche zu einem Band oder großflächigen Muster zusammengesetzt werden. Das Motiv wird entweder zuerst in Ton modelliert und dann abgegossen, um eine Gipsform zu erhalten, oder direkt in eine negative Gipsform hineingeschnitzt. In diese Form wird dann weicher Ton gedrückt und mit einer nassen Klinge oder einem Tonstückchen wieder herausgehoben. Das Motiv oder Relief wird dann mit etwas dünnem Schlicker auf die Gefäßoberfläche gesetzt.

Damit sich die Reliefs besser abheben, können solche Dekore aus farblich kontrastierendem Ton gemacht werden, wie wir das von den berühmten Wedgwood-Geschirrwaren kennen.

Für das Gefäß und die Applikationen sollte aber die gleiche Tongrundmasse verwendet werden. Die Reliefs könnten sonst beim Trocknen oder Brennen abplatzen. Wenn Sie also einen Kontrast wünschen, färben Sie sich am besten einen Teil des Tones anders ein (siehe *Farben*).

1 Eine Negativform entsteht, indem man in ein Stück Gips das gewünschte Motiv hineinschnitzt.

2 In die kleine Gipsform wird dann mit den Fingern etwas weicher Ton hineingedrückt.

3 Damit das eingedrückte Tonmotiv so dünn wie möglich wird, kann der überstehende Ton mit einem gespannten Draht oder wie hier mit einem Drahtbogen abgeschnitten werden. Man hebt das Tonrelief heraus, indem man eine flache Klinge fest daraufdrückt und hochzieht.

4 Mit solchen Gipsformen lassen sich immer wieder Tonmuster und -motive herstellen. Diese werden mit etwas Schlicker auf eine lederharte Tonfläche garniert, und es entstehen interessante Muster.

5 In den Wedgwood-Fabriken werden Tausende solcher Reliefformen gegossen. Sind die Motive trocken genug, daß man sie anfassen kann, werden sie auf die Oberfläche der lederharten Stücke appliziert.

Diese mit Reliefdekoren versehene ‚Wedgwood Prestige Jasperware' zeigt die typischen blau, grün oder schwarz eingefärbten Tonmassen mit den weißen Reliefapplikationen. Von all den Dekortechniken, die von Wedgwood angewandt wurden, ist dies die bekannteste.

Rolldekore

Sich wiederholende reliefartige Spuren und Muster lassen sich mit einer Dekorrolle oder -scheibe in die weiche Oberfläche eines Tongefäßes drücken. Das Muster wird zuvor in Gips, Holz oder ein anderes Material hineingeschnitzt oder auch einfach in einen weichen Tonwulst gedrückt oder geschnitten (siehe *Eingedrückte Dekore*). Diese werden dann geschrüht und bleiben so immer wieder einsetzbar.

Tonplatten, aus denen später ein Gefäß aufgebaut werden soll, lassen sich sehr schön mit solchen aufgerollten Dekoren verzieren (siehe *Plattentechnik*). Die Dekorrollen werden mit der Hand über den Ton gerollt oder man macht einen Griff aus einem Stück steifem Draht daran. Solche Dekorrollen waren schon immer ein beliebtes Mittel, um die Oberflächen gerade gedrehter Ware mit schmalen Musterbändern zu versehen. Diese Methode wird auch heute noch viel bei Gebrauchskeramik angewandt.

Dekorrollen aus Schwämmen oder einem ähnlich saugfähigen und flexiblen Material können auch zum Auftragen von färbenden Oxiden auf frisch glasierte Oberflächen dienen. Oder man rollt sie über eine noch nasse Engobe oder Glasur. Indem die Farbe an diesen Schwammrollen hängen bleibt, entstehen Muster (siehe *Stempeltechnik*).

1 Viele verschiedene Dekorrollen können entstehen, wenn man weiche Tonwülste über irgendwie strukturierte Materialien abrollt. Wenn sie dann trocken sind, schrüht man sie.

2 Die geschrühten Tonrollen können dann auf weichen Tonplatten abgerollt werden. Diese werden dann zum Aufbauen verschiedener Gefäße weiterverwendet.

3 Schmale Dekorscheiben eignen sich gut, um rund um ein frisch gedrehtes Gefäß ein hübsches Dekorband einzudrücken.

Sägemehlbrand

Bei dieser Brennweise entstehen gleichmäßig oder auch ungleichmäßig geschwärzte Oberflächen von Hellgrau bis Tiefschwarz. Die Oberflächen niedriggebrannter Stükke eignen sich besonders gut zum Räuchern.

Die Verfärbungen können einfach dadurch hervorgerufen werden, indem man unter den Gefäßen Papier anzündet. Die tiefschwarze Kohleschicht jedoch, die sich dabei auf der Oberfläche bildet, läßt sich größtenteils wieder abwaschen, zurück bleiben nur schwache Spuren. Eine dauerhaftere Schwarzfärbung erreicht man, indem man um die Gefäße einen kleinen Kamin aus Ziegelsteinen baut und diesen mit Sägemehl, Holzspänen oder Papierschnipseln füllt. Werden jedoch ungleichmäßige Flecken gewünscht, läßt man die entsprechenden Bereiche frei. Dann setzt man das Sägemehl in Brand und läßt es herunterbrennen. So entstehen dauerhafte grau-schwarze Verfärbungen der Oberfläche.

Man kann auf diese Weise auch schrühen. So gebrannte Stücke bleiben jedoch sehr zerbrechlich. Für einen einfachen Schrühbrand sollte ausschließlich feines Sägemehl verwendet werden, weil Späne und Papier zu schnell herunterbrennen und die Stücke dabei zerbrechen können. Meistens aber wird so ein Sägemehlbrand nach einem Schrühbrand eingesetzt. Die dabei entstehenden Verfärbungen lassen sich durch einen weiteren, normalen Brand wieder vollständig entfernen.

1 Leichte Verfärbungen einer bereits geschrühten Tonfläche entstehen, wenn man an das Gefäß ein brennendes Papier hält. Mit dieser Methode kann man gezielt bestimmte Bereiche räuchern. Das Problem dabei ist, daß sich die nur oberflächlichen Rußablagerungen wieder abwaschen lassen und nur geringe Verfärbungen zurückbleiben.

2 Für stärkere und haltbarere Schwarzfärbungen ist es besser, einen kleinen Ofen aus Ziegelsteinen um die Gefäße zu bauen und Sägemehl um und auf das hineingesetzte Stück zu schütten.

3 Dann zündet man das Sägemehl von oben mit etwas Papier an. Die Flammen erlöschen schnell. Das Sägemehl glimmt weiter nach unten durch.

4 Ist das Sägemehl abgebrannt, wird das Stück herausgenommen und von Ascheteilchen gereinigt. Die schwärzlich eingebrannte Oberfläche bleibt erhalten, weil der Rauch in die Oberfläche eingedrungen ist.
Wenn Ihnen das Ergebnis nicht gefallen sollte, wird das Stück einfach noch einmal normal schrühgebrannt. Dabei verschwinden sämtliche Spuren.

Diese hohe gedrehte Flasche wurde vom Autor engobiert und poliert, bevor Leim in dünnen Linien darübergezogen wurde. Nach einem leichten Sägemehlbrand wurde der Leim abgezogen, und so entstand dieses Linienmuster.

Schablonen

Schablonen können in den verschiedenen Phasen des Formens und Dekorierens verwendet werden. So werden spezielle Effekte oder ganz bestimmte Formen erzielt. Bei *Tonwülsten* hilft eine Schablone, dem Gefäß genau die Gestalt zu geben, die geplant war. Bei der *Plattentechnik* wird eine Schablone eingesetzt, um die Tonplatten gleich groß und geformt zurechtzuschneiden. Durch *Strangpressen* entstandene Formen oder Teilstücke wurden durch schablonenartige Vorsatzstücke gepreßt, die über die Form des austretenden Tones entscheiden. Auch beim *Drehen* können Schablonen eingesetzt werden, wenn Serien, also mehrere Stücke mit gleicher Form und Gestalt, gedreht werden sollen. Eine ‚Profilschablone' wird beim *Überdrehen* zum Ausformen der Innen- oder Außenseite verwendet. Am häufigsten aber werden Schablonen für durchbrochene *Dekore* eingesetzt. Mit ihnen wird zuerst ein Muster aufgezeichnet und dann ausgeschnitten. Bei der *Ausspartechnik* verhindern Papierschablonen, daß Engobe, Glasur oder Farbe auf bestimmte Bereiche geraten.

1 Aus Tonwülsten aufgebaute Formen erhalten ihr vorbestimmtes Profil durch eine Formschablone. Während die Form wächst, wird sie immer wieder an der Schablone kontrolliert.
Eine einfache Schablone aus Karton reichen. Brauchen Sie dieselbe Form aber immer wieder, ist eine stabilere Schablone aus Holz besser.

2 Papier- oder Kartonschablonen werden oft zum Zuschneiden oder Vorarbeiten von Tonplatten benützt, wenn diese die gleichen Maße haben sollen.

3 Papierschablonen kommen bei vielen Dekortechniken zur Anwendung. Hier wird Eisenoxid auf eine teilweise abgedeckte Fläche gespritzt, um ein besonderes Muster zu erhalten.

4 Beim Drehen helfen Schablonen, bestimmte Höhen oder eine festgelegte Gestalt und Form einzuhalten. Dafür sollte die Schablone aus einem haltbaren, stabilen Material wie Hartfaserplatte sein. Hier wurde eine Zylinderform als Grundform für das Stück gedreht.

5 Die Schablone wird von außen fest an die Wandung gehalten und dann die Form beim Drehen von innen geweitet, bis sie dem Profil der Schablone entspricht.

6 Bei der Anwendung solcher Drehschienen entstehen auf der Oberfläche eher mechanische als ‚handwerkliche' Bearbeitungsspuren.

Schlagen

Das ist einer der beiden vorbereitenden Arbeitsgänge, der andere ist das *Kneten*. Sie dienen dazu, den Ton in eine plastische Kondition zu bringen, in der er sich gut weiterverarbeiten läßt.

Kleinere Tonklumpen lassen sich gut mit der Hand schlagen: Der Ton wird in zwei Teile gerissen und diese wieder kräftig aufeinandergeschlagen. Das wird so oft wiederholt, bis die Masse gut durchmischt ist. Größere Tonklumpen werden auf einer Werkbank oder einer anderen festen Platte geschlagen. Die Fläche sollte aber saugfähig sein, damit der Ton nicht daran klebenbleibt. Die Tonmasse wird mit dem Schneidedraht in zwei Teile zerschnitten, die eine Hälfte hochgehoben und kräftig auf die andere draufgeschlagen. Dann wird die Masse um 90° gedreht und wieder durchgeschnitten. Dieser Ablauf wird so lange wiederholt, bis der Ton eine gleichmäßige Konsistenz hat und frei von Lufteinschlüssen ist.

Das Schlagen kann aber auch dazu dienen, einen Ton wieder etwas weicher zu machen, wenn er schon zu fest geworden ist. In diesem Fall wird der Tonklumpen in Scheiben zerschnitten. In die einzelnen Platten werden mit dem Finger Dellen hineingedrückt, dann eine dicke Schlickerschicht darübergestrichen, und die Platten werden wieder zusammengesetzt. Der trockene Ton wird den Schlicker beim anschließenden Zusammenschlagen in sich aufnehmen.

Das Schlagen kleiner Tonbatzen

1 Kleinere Tonklumpen werden mit der Hand auseinandergerissen und die beiden Teile einfach wieder zusammengeschlagen.

2 Dieser Vorgang wird so oft wiederholt, bis der Ton gut durchgearbeitet ist. Man sollte aber daran denken, daß der Ton, je länger er in der Hand gehalten wird, desto trockener wird.

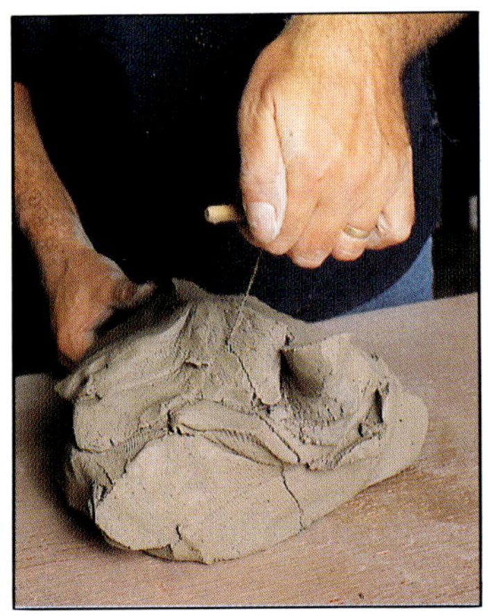

Das Schlagen größerer Tonklumpen

1 Größere Tonklumpen sollten auf einer Werkbank oder auf einer festen Arbeitsplatte in Hüfthöhe geschlagen werden.

2 Eine Hälfte wird hochgehoben und aus einer bequemen Höhe heraus auf das andere Stück geschleudert. Je größer diese Stücke sind, desto weniger Kraft müssen Sie dabei aufwenden.

3 Das wiederholte Durchschneiden und Aufeinanderschlagen dient dazu, die Tonmasse gut zu mischen und Lufteinschlüsse zu beseitigen.

4 Ein Blick auf eine durchgeschnittene Tonhälfte sagt Ihnen sehr schnell, ob der Ton schon ausreichend gemischt und frei von Luftblasen ist. Das Schlagen von Ton ist eine vorbereitende Arbeit. Sie geschieht meist in Verbindung mit dem Kneten.

Durchfeuchten von Ton

1 Zu trockener Ton wird dadurch weicher gemacht, daß man einen sehr weichen Ton untermischt.

2 Über diese Flächen wird dann Schlicker, also weicherer Ton derselben Tonsorte, verteilt.

3 Das Ganze wird dann sandwichartig aufeinandergeschichtet und in zwei oder mehrere Teilstücke geschnitten.

4 Durch wiederholtes Zerschneiden und Zusammenschlagen der Teilstücke wird der weichere Ton gründlich mit dem festeren vermengt. Wenn es sich allerdings um größere Tonmengen handelt, ist es wohl praktischer, die ganze Masse noch einmal einzusumpfen, bevor sie geschlagen und geknetet wird.

Sgraffito

Der Begriff umfaßt das Einritzen und Kratzen durch eine Farbschicht hindurch, um eine darunterliegende andersfarbige Schicht freizulegen. Es ist eine der weitverbreitetsten Dekormethoden. Sie wurde in allen Kulturen und zu allen Zeiten angewandt.

Sgraffito-Dekore können in noch feuchte Engobe geritzt werden, aber genauso in lederharte oder knochentrockene Tonoberflächen. Je nach Trockenzustand des Tones entstehen andere Eigenarten der Linien.

Sehr komplizierte Muster können mit einem spitzen Gegenstand auf einer trockenen oder lederharten Fläche vorgezeichnet werden. Sie können auch mit Hilfe eines Kohlepapiers übertragen werden.

Auch Stücke, die roh glasiert werden sollen, lassen sich bearbeiten, und zwar direkt nach dem Glasurauftrag, wenn der Ton durch den Wassergehalt der Glasur etwas aufgeweicht ist. Bereits geschrühte Ware eignet sich nicht so gut, da es schwieriger ist, durch die Glasur hindurchzuritzen, ohne daß kleine Stückchen davon abplatzen.

Glattgebrannte Ware jedoch läßt sich sehr gut mit einer zweiten, andersfarbigen Glasur überziehen, in die Sgraffito-Muster geritzt werden können. Damit diese zweite Glasurschicht gut sitzt, ist es manchmal notwendig, das Stück vor dem Auftrag anzuwärmen. Das betrifft vor allem Steinzeugware, wo der Scherben nicht mehr porös genug ist. Eine solche zweite Glasurschicht läßt sich auch sehr gut aufspritzen.

1 Der Trockengrad der engobierten Oberfläche entscheidet über die Beschaffenheit der in Sgraffito-Technik eingeritzten Linien. Bei einer feuchten Tonoberfläche entstehen sehr ausgeprägte Linien. An deren Rändern bleiben jedoch kleine, schwer zu beseitigende, Tongrate stehen.

2 In eine lederharte Fläche lassen sich Sgraffito-Muster am leichtesten einritzen. Es entstehen kaum unerwünschte Nebeneffekte.

3 Beim Einritzen in schon knochentrockene Oberflächen entstehen nur noch Staub und Farbkrümel. Diese müssen sehr sorgfältig und vorsichtig mit einem steifen Borstenpinsel entfernt werden, ohne die Linien dabei zu verwischen.

4 Sgraffito-Technik bezieht sich meist auf mit Engobe überzogene Tonflächen. Sie kann aber auch auf glasierten Oberflächen angewendet werden. Wird dann eine zweite, andersfarbige Glasur aufgetragen, legt das Einritzen in diese zweite Glasur die Farbe der ersten frei. Falls die zweite Glasur auf der unteren nicht haften will, hilft ein Anwärmen des Gefäßes weiter.

Jenny Clarkes Teekanne aus Steinzeugton zeigt den einfachen, aber sehr ausdrucksstarken Einsatz der Sgraffitto-Technik. Die zarte Färbung wurde durch einen mattweißen Glasurüberzug erreicht, der die Farbintensität der eisenhaltigen Engobe etwas dämpfte.

Stempeltechnik

Mit Stempeln aus einem harten und haltbaren Material lassen sich weiche Tonoberflächen sehr einfach, aber wirkungsvoll prägen und eindrücken (siehe *Eingedrückte Dekore*). Stempel lassen sich aber auch aus einem weichen und saugfähigen Material, wie einem Schwamm oder aus Schaumstoff, herstellen. Solche weichen Schwämme werden ganz anders eingesetzt. Sie verändern nicht die Tonfläche, sondern nehmen Farbe auf. Ist eine lederharte Tonfläche mit Engobe überzogen, und es wird ein gemusterter Schwammstempel daraufgedrückt, während die Engobe noch naß ist, dann nimmt er teilweise Engobe auf und hinterläßt dadurch einen gemusterten Abdruck.

Diese Methode kann auch bei glasierten Flächen angewandt werden. Doch trocknen Glasuren auf einem geschrühten Ton sehr schnell, wenn der Ton nicht sehr hoch gebrannt wurde (siehe *Brennen*).

Beim Schwämmeln handelt es sich um das Betupfen von Farbe mit einem Schwamm oder einem ähnlichen Material. Das Stempeln und das Stupfen sind beides dekorative Techniken, die einzeln oder in Kombination mit anderen Dekortechniken ausgeführt werden können. Bei der *Majolika* zum Beispiel werden oft bestimmte Flächen mit Linien umzogen und diese dann mit aufgetupfter Farbe ausgefüllt. Beide Techniken werden auch oft in Verbindung mit *Ausspartechniken* angewandt.

1 Schwämme hinterlassen immer ihr eigenes spezielles Muster, wenn sie zum Farbeauftragen auf Ton oder frisch glasierte Flächen eingesetzt werden. In synthetische Schwämme, wie in diesen Haushaltsschwamm, lassen sich sehr einfach mit einer Schere oder einem Messer Muster hineinschneiden, wenn man sie vorher einfriert.

2 Eingetaucht in Engobe, hinterläßt dieser Schwammstempel Muster auf der lederharten Tonoberfläche. Durch ein Aneinanderreihen können ganze Flächen, wie hier, einfach und schnell bedruckt werden.

3 Farbstoffe, wie Glasurfarben und Oxide, können mit einem gemusterten Schwamm auf frisch glasierte Oberflächen aufgetragen werden.

4 Ein trockener Schwamm kann auch auf noch nasse, frisch engobierte oder glasierte Flächen gedrückt werden. Indem er die Farbe partiell aufnimmt, entstehen auch dabei feine Muster.

5 Das obere pfirsichfarbene Muster unterscheidet sich in einem wesentlichen Punkt von dem unteren weißen Muster. Für beide wurde der gleiche gemusterte Schwamm genommen. Das obere Muster jedoch entstand durch ein Auftragen der Farbe; der Schwamm wurde also in Farbe getaucht und dann aufgedrückt. Das untere Muster entstand durch ein Abtupfen der nassen weißen Engobe mit einem trockenen Schwamm.

Strangpressen

Es ist eine formgebende Technik, bei der der Ton durch speziell geformte Vorsatzscheiben oder Schablonen gepreßt wird.

Das Durchpressen weichen Tones geschieht am einfachsten, indem man ihn durch ein grobmaschiges Sieb drückt oder indem man einen zu einer Schlinge gebogenen Draht durch den Tonblock zieht. Meist sind es Handpressen, wie die Henkelpresse oder der Tonschneider (siehe *Kneten*), die eingesetzt werden, um gut geformte Henkel oder Tonwülste für das Aufbauverfahren herzustellen.

Schmale Platten oder Streifen für die *Plattentechnik* können ebenso hergestellt werden. Bei der Verwendung von grobem Ton kann die austretende Masse auch zu Fliesen zerschnitten werden.

Auf diese Weise hergestellte Tonplatten tendieren jedoch dazu, sich zu verziehen, wenn man sie während des Trocknens nicht häufig wendet. Auch gebogene Abschnitte für Hohlkörper oder Kugelformen können mit einem halbkreisförmig gebogenen Formstück entstehen.

Hohlformen verschiedenster Art werden mit Hilfe spezieller Mundstücke gepreßt. Diese bestehen aus einem inneren und einem äußeren Vorsatzstück. Der Abstand zwischen den beiden Vorsatzstücken entscheidet über die Wandstärke der durchgepreßten Form. Eine stranggepreßte Hohlform kann, solange der Ton noch weich und verformbar ist, in ihrer Form noch verändert werden.

1 Hier wurde eine weiche Tonmasse einfach durch ein grobmaschiges Sieb gedrückt. Jedes der entstandenen Tonwürstchen gibt genau die Form und Weite der verwendeten Masche wieder.

2 Zum Strangpressen stehen Ihnen eine Vielzahl verschieden großer und geformter Mund- und Vorsatzstücke zur Verfügung. In der Mitte des Fotos sehen Sie ein Dreifuß-Aufsatzgerät, mit dem Hohlformen gepreßt werden können.

3 Solche durchgepreßten massiven Querschnitte lassen sich unter anderem für Henkel oder für das Aufbauverfahren mit Tonwülsten verwenden.

4 Für Hohlformen muß der Ton ausgesprochen weich sein, da er beim Durchpressen in zwei Hälften zerteilt wird, die sich nach dem Austreten aus dem Mundstück wieder verbinden.

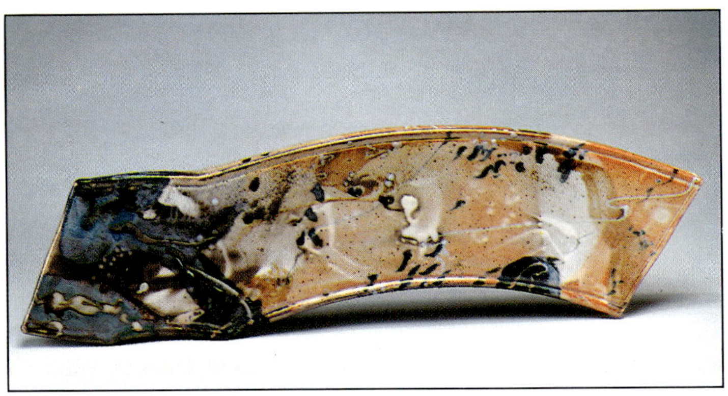

Die sehr lebendige Oberflächengestaltung dieses stranggepreßten Objektes von John Glick beruht auf einer Vielzahl dekorativer Methoden, einschließlich der Bemalung mit Engoben und Glasuren in Verbindung mit Wachsaussspartechnik.

Tonwülste

Man nennt so das Aufbauen einer Form mit Tonwülsten oder -rollen. Der Ton muß gut vorbereitet sein (siehe *Kneten* und *Schlagen*) und sollte weich und elastisch genug sein, um ihn rollen und formen zu können, ohne daß er reißt. Er sollte zudem eine gehörige Portion Sand und Schamotte enthalten. Dies verringert das Risiko des Verziehens oder Reißens nach dem Trocknen und Brennen.

Tonwülste lassen sich mit der Hand ausrollen. Sie können aber auch mit einer Strangpresse geformt werden (siehe *Strangpressen*). Damit die Konzentration auf die Arbeit und den Arbeitsablauf nicht unterbrochen werden muß, um neue Wülste zu machen, empfiehlt es sich, eine ausreichende Menge dieser Tonwülste herzustellen.

Handgerollte Tonwülste entstehen, indem man zunächst grobe Tonstränge formt und diese dann auf einer porösen Arbeitsfläche rollt, auf der sie nicht klebenbleiben.

Ein Boden wird aus dem gleichen Ton einfach durch Flachdrücken geformt. Dann werden die Tonwürste nacheinander daraufgelegt. Sie werden jeweils auf der Innenseite ineinandergearbeitet, indem man beinahe die Hälfte des oberen Wulstes mit dem unteren verstreicht. Auf der Außenseite können die Rollen je nach Wunsch sichtbar stehenbleiben. Es ist jedoch für die Verbindung der Wülste untereinander besser, wenn auch die Außenseite verstrichen und geglättet wird. Soll die Form gerade und senkrecht nach oben wachsen, werden die Tonwülste immer direkt aufeinandergesetzt. Für eine sich weitende Form werden die Wülste immer ein wenig nach außen versetzt auf die vorhergegangene aufgelegt. Der umgekehrte Vorgang führt logischerweise zu einer sich verengenden Gestalt.

Die nach oben wachsende Form kann mit lose hineingeknülltem Zeitungspapier von innen gestützt werden. Allerdings muß darauf geachtet werden, die Form dadurch nicht zu radikal zu verändern. Sie fällt sonst womöglich in sich zusammen.

Aus dünnem Karton oder Sperrholz können Schablonen gefertigt werden, die das Einhalten eines festgelegten Profils garantieren. Auch Gipsformen können verwendet werden.

Es ist nicht immer möglich oder auch nicht erwünscht, ein mit dieser Wulstaufbautechnik hergestelltes Gefäß auf einmal fertigzustellen. Dies gilt besonders dann, wenn es sich um eine große oder sehr komplexe Form handelt. In so einem Fall können die unteren Partien ruhig etwas antrocknen. Die Bereiche, an denen Sie arbeiten, werden unter einem nassen Tuch und einer Plastikfolie feuchtgehalten. Für die erste Tonwurst, mit der Sie nach einer Pause beginnen, sollte die alte etwas aufgerauht und mit Schlicker bestrichen werden, damit sich diese beiden gut verbinden. Alle folgenden Rollen können wie zuvor beschrieben direkt aufeinandergesetzt werden.

1 Der Ton wird zuerst zu dicken Strängen geformt, bevor er zu Wülsten ausgerollt werden kann.

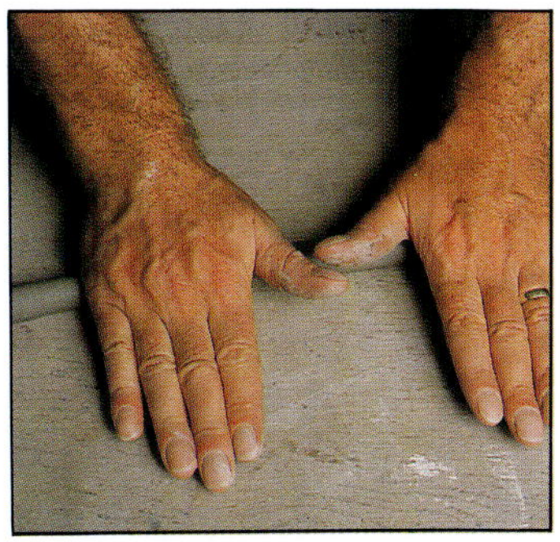

2 Die Würste werden dann mit den Händen auf einer porösen Arbeitsplatte ausgerollt, auf der sie nicht klebenbleiben. Der Tonwulst muß immer eine ganze Drehung vollführen, bevor er zurückgerollt wird. So wird er wirklich rund und nicht oval. Achten Sie darauf, daß alle Wülste gleich dick werden, und stellen Sie eine für die geplante Arbeit ausreichende Menge her.

3 Die erste Rolle wird auf den Tonboden gedrückt und mit dem Finger gut verstrichen. Arbeiten Sie möglichst auf einem Brett auf der Ränderscheibe, und drücken Sie mit der anderen Hand dagegen.

4 Es ist wichtig, jeden einzelnen Tonwulst fest auf den vorhergegangenen aufzusetzen und die Innenseite dann zu verstreichen.
Wenn die Außenseite ebenfalls glatt sein soll, verstreicht man die Wülste auch dort.

5 Das Ansetzen eines neuen Wulstes sollte immer an einer anderen Stelle der Form geschehen. Ein dichter Anschluß wird erreicht, indem man die sich überlappenden Wulstenden schräg schneidet.

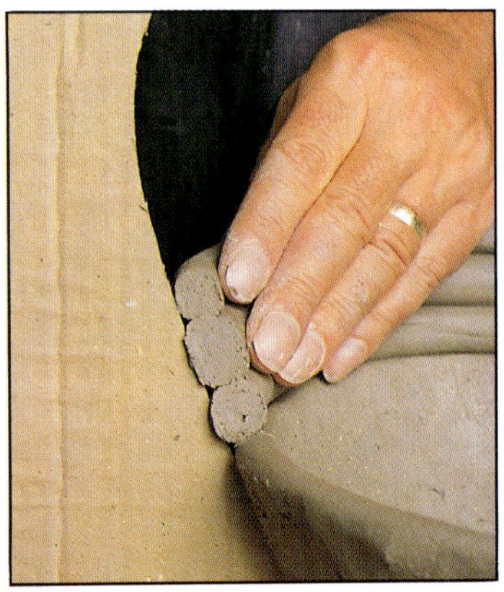

6 Falls nötig, kann eine Schablone hergestellt werden, damit genau die gewünschte Form entsteht. Allerdings kann sich auf diese Weise ein sehr mechanistischer und steriler Stil entwickeln. Für sich weitende Formen wird jeder neue Tonwulst ein wenig nach außen versetzt auf den letzten aufgesetzt, so wie man es hier sieht.

7 Handelt es sich umgekehrt um eine sich verengende Form, werden die Wülste immer ein wenig nach innen versetzt.

8 Mit solchen Tonwülsten kann man nicht nur eine Form aufbauen, sondern auch dekorative Effekte erzielen. Hier wurde mit einem weichen Tonwulst ein wellenartiges Muster aufgebaut. Solche Bereiche werden dann nur innen verstrichen und geglättet.
Gerade bei solchen Musterbändern muß die Innenseite besonders sorgfältig verstrichen und geglättet werden. Dazu nimmt man eventuell etwas zusätzlichen Ton.

▲ Die aus Tonwülsten aufgebauten Gefäße von Fiona Salazar schmücken Symbole und Motive in kräftigen Farben. Der Grundkörper wurde von ihr gedreht und dann mit Tonwülsten weiter aufgebaut.

▼ David Roberts Flaschenformen mit ihren runden, weichen Körpern reflektieren die ruhige, kontemplative Arbeitsweise dieser Aufbautechnik. Die schwarzen Linien auf der Oberfläche entstanden durch einen Rakubrand.

Tüllen

Manche Gefäße brauchen aus ganz praktischen Gründen eine Tülle. In anderen Fällen sprechen vielleicht einfach ästhetische Erwägungen für eine Tülle. Als grobe Regel gilt auf jeden Fall: Jedes zusätzliche Teil eines Stückes muß auf die gleiche Weise entstehen wie das Stück selbst.
Eine gedrehte Teekanne zum Beispiel sieht mit einer ebenfalls gedrehten Tülle einfach am besten aus. Allerdings, Ausnahmen bilden die Regel: Oft werden gedrehte Formen an aus Tonplatten aufgebaute Gefäße angesetzt. Dadurch können sehr interessante Kontraste entstehen, die viel zu einem gelungenen Gesamteindruck der Arbeit beitragen. Wichtig bei allen angesetzten Teilen ist eine ausgewogene Proportionierung in Hinsicht auf die Gesamterscheinung. Das zusammengesetzte Stück soll einen harmonischen Eindruck machen.

◄ Die Tülle dieses handaufgebauten und polierten Gefäßes von Magdalene Odundo ist sicherlich eher ein ästhetisches als ein praktisches Requisit. Die Tülle wächst wie selbstverständlich aus der Form heraus und wird durch die beiden ringförmigen Griffe noch betont. Frau Odundos meisterhafte Beherrschung der Form ermöglicht ein solches charaktervolles Werk.

▲ Diese gutgedrehte Teekanne spiegelt in ihrer Form die schwungvolle Technik des Drehens wider.
Die Tülle ist hier nicht nur funktionale Bedingung, sondern ein sorgfältig geplantes Teil des Ganzen. Sie trägt wesentlich zu einem ausgewogenen Gesamteindruck bei.

Überdrehen

Gefäße können auch mit Hilfe einer sich drehenden Gipsform und einer an einem Schwenkarm befestigten metallenen Schablone hergestellt werden. Wird dabei durch die Gipsform die Innenseite des Gefäßes geformt und die Außenseite durch die Metallschablone, dann nennt man das Überdrehen.

Von Eindrehen spricht man, wenn die sich drehende Gipsform das Profil der Außenseite des Gefäßes bestimmt.

Das Überdrehen wird meist bei der Herstellung von Tellern oder flachen Schalen angewendet. Dazu wird eine weiche, elastische Tonplatte auf die konvexe Gipsform aufgelegt. Während sich diese dreht, wird der Schwenkarm mit der daran befestigten Schablone auf den Ton abgesenkt. Die Schablone wird dann mit etwas Wasser angefeuchtet und der Schwenkarm so eingestellt und justiert, daß zwischen Schablone und Gipsform der erforderliche Abstand, die geplante Wandstärke, verbleibt.

Die Technik des Eindrehens wird hauptsächlich zur Herstellung tiefer Gefäße wie Becher und Tassen eingesetzt (ohne den Henkel, der wird extra gefertigt).

Ein gut aufbereiteter Tonklumpen wird in die Form hineingelegt und mit den Fingern an den Wänden hochgezogen, während sich die Scheibe mit der Gipsform schon dreht. Der Schwenkarm mit der Schablone wird dann in die Form abgesenkt, um die Innenseite des Gefäßes nach Wunsch zu formen.

1 Hier kombiniert Sabina Teuteberg formende und dekorative Techniken bei der Herstellung sehr individueller Stücke. Sie kreiert kräftige Bilder und Muster indem sie verschiedenfarbige, dünne Tonmotive auf einer vorbereiteten Tonplatte zu Mustern zusammenlegt.

2 Sehr schöne Effekte können auch durch das Kombinieren entstehen. Hier werden gerade dünne, dunkle Tonwülste in einen hellen Tonstrang hineingedrückt. Dieser Strang wird dann gerollt und dadurch verdichtet. Er kann dann in dünne Scheiben oder Streifen zerschnitten werden.

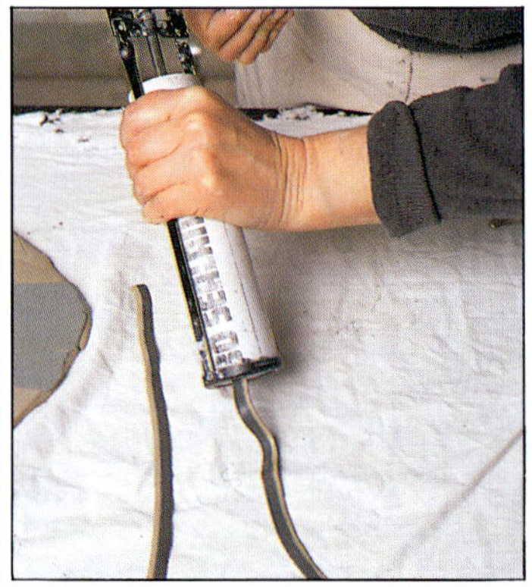

3 Solche Farbkombinationen lassen sich auch mit einer Ton- oder Henkelpresse herstellen, in die zwei oder mehrere verschiedenfarbige Tonmassen gesteckt werden. Dabei entstehen immer wieder neue Varianten. Hier wird eine ganz einfache Presse benützt, die Sie in jedem Heimwerkerladen kaufen können.

4 Bei dieser Detailaufnahme einer gemusterten Tonplatte sieht man deutlich die obenaufliegenden farbigen Tonmotive.

5 Die aufgelegten bunten Tonstücke werden durch Rollen in die Tonplatte eingedrückt. Für kleinere Arbeiten genügt ein Rollholz. Für größere Stücke braucht man eine große, handbetriebene Plattendruckwalze, wie sie hier abgebildet ist, um die Tonmuster in die weiche Tonplatte hineinzudrücken.

6 Ausreichender Druck führt dazu, daß die Muster sich gut in die Tonplatte einfügen, ohne daß ihre klaren Umrisse verlorengehen.

7 Die so verzierte weiche und elastische Tonplatte kann jetzt auf die konvexe Oberfläche der Gipsform gelegt werden.

8 Wenn die Gipsform fest in dem Scheibenaufsatz sitzt, der auch Tassenaufsatz genannt wird, drückt man den Ton bei sich drehender Scheibe zunächst mit der Hand auf die Form.

9 Die am Schwenkarm befestigte Schablone wird dann langsam auf den sich drehenden Ton abgesenkt.
Der überschüssige Ton sammelt sich an der Schablone, während diese auf die zuvor eingestellte Tiefe abgesenkt wird.

10 Über die Kanten der Gipsform überstehender Ton wird mit einem Messer abgeschnitten, bevor die Schablone noch einmal angesetzt wird, um der Form den letzten Schliff zu geben.

11 Bevor der neu geschaffene Teller von der Gipsform abgenommen wird, kann er noch dekoriert werden, da der Ton noch ganz weich ist. Hier wird mit einem Pinsel Engobe aufgetragen.

Diese dekorativen Teller von Sabina Teuteberg entstanden durch das Einlegen eingefärbter Tonstücke und anschließendem Überdrehen. Die mit graphischen Mustern gestalteten Oberflächen spiegeln den modernen Trend zu einer kräftigen Bildersprache wider.

12 Die Schärfe und Klarheit der Muster auf der Innenseite des Tellers gehen durch das Überdrehen nicht verloren. Das Foto zeigt, daß diese Seite direkt auf der Gipsform auflag und von der Formschablone nicht berührt wurde.

13 Beim Eindrehen wird die Innenseite einer tiefen Form mit einer Schablone gestaltet, während die Außenseite in der Gipsform anliegt. Damit der große, weiche Tonlappen sich beim Hineinlegen in die Form nicht in Falten legt, wird er in zwei Hälften geteilt.

14 Genau wie beim Überdrehen wird auch hier der Ton zuerst mit den Fingern in die Gipsform gedrückt, während sich diese, eingespannt in den Scheibenaufsatz, langsam dreht.

15 Über- und herausstehender Ton wird mit dem Messer abgeschnitten, bevor die Eindrehschablone angesetzt wird.

16 Die Schablone wird dann abgesenkt und auf die gewünschte Wandstärke eingestellt. Anschließend wird die Drehscheibe in Gang gesetzt.

17 Ist das Ausformen beendet, kann die Innenseite bemalt werden. Hier wird eine dunkle Engobe mit dem Pinsel aufgetragen. Dann läßt man die Schale ruhen und trocken werden.

18 Für das Ein- und Überdrehen braucht man immer mehrere solcher Arbeitsformen, da die gedrehte Tonform nicht sofort herausgenommen werden darf. Diese Mutterform einer Tasse wird zum Abgießen mit einer Schmierseifenlösung überzogen. So wird die Gipsoberfläche versiegelt, bevor ein Metallring darübergestülpt wird, der die Außenwand der zukünftigen Arbeitsform bildet.

19 Dann wird flüssiger Gips in den Metallring gegossen bis die Originalform ganz bedeckt ist.
Der frisch gegossene Gips verbleibt in der Form bis er abgebunden hat.

20 Wenn diese neue Arbeitsform gut durchgetrocknet ist (das kann mehrere Tage dauern), kann sie verwendet werden. Im Hintergrund dieses Fotos sehen Sie auf den Regalen viele solcher Arbeitsformen.

Zentrieren

Vor dem Drehen muß der Ton zentriert werden, das heißt die Tonmasse muß sich exakt in der Mitte der Töpferscheibe befinden. Man könnte sagen, daß dies die wichtigste Grundvoraussetzung für ein erfolgreiches Drehen ist. Wenn dieser erste Arbeitsschritt nicht beherrscht wird, kann beim Drehen keine gleichmäßige Wandstärke und somit keine stabile Form erreicht werden. Das Zentrieren des Tones wird durch eine Reihe verschiedener Handgriffe und -bewegungen erreicht, und mit der Zeit wird man seinen eigenen Stil entwickeln.

Wichtig für ein erfolgreiches Drehen ist auch der Zustand, in dem sich der Ton befindet. Er muß gut vorbereitet sein und eine gleichmäßige Konsistenz haben (siehe *Kneten* und *Schlagen*).

Weicher Ton läßt sich natürlich leichter zentrieren, ist er aber zu weich, wird das anschließende Drehen schwieriger. Ist der Ton aber zu fest, reagiert er schwerfälliger, und es braucht die ganze Anstrengung des Töpfers, ihn zu bewegen. Außerdem kann sich bei zu festem Ton später die Wandung verziehen.

1 Die Tonmasse sollte gut vorbereitet sein, zu einer Kugel geformt werden und dann so exakt wie möglich in das Zentrum der Töpferscheibe gesetzt werden (je genauer sie im Zentrum liegt, desto einfacher wird das Zentrieren). Setzen Sie die Drehscheibe langsam in Bewegung, und klopfen Sie den Ton in eine runde Kuppelform.

2 Wenn sich die Drehscheibe jetzt schneller dreht, feuchten Sie Ihre Hände und den Ton an und drücken mit den Ballen der sich gegenüberliegenden Handflächen auf den Ton. Beide Hände müssen die Tonmasse gleichzeitig von beiden Seiten und mit gleichem Druck zu einem Kegel hochziehen.

3 Dieses Hochziehen des Tones hilft zum einen, die Masse in das Zentrum der Drehscheibe zu bringen, und zum anderen, den Ton zu verdichten, damit etwaige Lufteinschlüsse an die Oberfläche kommen. Jetzt wird die rechte Hand über die Spitze und die linke zur Unterstützung an die Seite des Kegels gelegt und der Kegel durch den sanften Druck der rechten Hand wieder nach unten gedrückt. Dieser Vorgang sollte mehrmals wiederholt werden, bevor mit dem eigentlichen Zentrieren begonnen wird.

4 Für das nun folgende Zentrieren müssen die Hände ruhig und sicher aufliegen. Stützen Sie Ihre Unterarme also auf die Spritzwanne. Mit der rechten Hand üben Sie einen nach unten gerichteten Druck auf den Ton aus, während Sie mit Ihrer Linken den Ton gleichzeitig zu sich herziehen. Der Druck der Hände muß gleichzeitig erfolgen.

5 Eine andere Methode des Zentrierens besteht darin, mit der einen Hand einen eher seitlich gerichteten Druck quer zur Drehscheibe auf den Ton auszuüben, während die andere Hand von oben dagegenhält.

6 Erfahrene Töpfer haben es im Gefühl, wann der Ton zentriert ist. Man kann es aber auch ganz einfach überprüfen, indem man einen Finger oder ein Stöckchen an die rotierende Masse hält und sich vergewissert, ob der Abstand zum Ton während einer ganzen Umdrehung gleich bleibt. Der Tonklumpen sollte erst dann aufgebrochen werden.

Auch wenn, wie bei diesem Stück des Autors, eine drastische Veränderung der Form geplant war, ist es doch wichtig, daß die Form aus einem gut zentrierten Stück Ton entstanden ist. Denn jede Veränderung wird vorhergegangene Drehfehler eher betonen als verdecken. Dieses erst gedrehte und direkt anschließend verformte Gefäß wurde mit verschiedenfarbigen Engoben, die mit einer alten Zahnbürste aufgespritzt wurden, überzogen und nach dem Trocknen poliert.

7 Diese Abbildung einer Schale zeigt ganz deutlich das Ergebnis einer schlecht zentrierten Tonmasse: die unregelmäßige Wandstärke.

Zuschlagstoffe

Ton in seinem natürlichen Rohzustand ist nur selten gebrauchsfähig für den Töpfer. Es müssen noch andere Materialien hinzugefügt werden, um ihn so zu verändern, daß der Töpfer ihn vorbereiten kann. Er könnte zum Beispiel zu weich oder nicht weich genug sein. Die Farbe nach dem Brennen könnte zu hell oder zu dunkel oder einfach nichtssagend sein. Es könnte auch sein, daß er der erforderlichen Brenntemperatur nicht standhält. All diese Probleme und noch mehr können durch die Zugabe von anderen keramischen Materialien gelöst werden. Oft ist das nicht schwieriger als das Zusammenkneten zweier oder mehrerer Tonsorten. Tonlieferanten und auch viele Töpfer selbst mischen sich ihren Ton nach eigenen speziellen Rezepten.

Schamotte (meistens gebrannt und gemahlen und in verschiedenen Korngrößen erhältlich) und eine Vielzahl verschiedenfarbiger Sande können dem Ton zugesetzt werden, um ihn zu verfestigen, die Schwindung zu verringern oder die Struktur oder die Farbe des Tones zu verbessern.

Zuschlagstoffe werden normalerweise während der Aufbereitungsphase beigegeben.

Um einer Tonmasse eine ganz bestimmte Farbe zu verleihen, gibt es Farbzusätze. Die Zugabe von Stoffen, die schmelzen, durchschlagen oder aus dem Ton heraussikkern oder die bei niedrigerer Temperatur als die der Grundmasse glasieren, kann bemerkenswerte Effekte hervorrufen.

Eine kleine Auswahl aus der Vielfalt verschiedener Tonmassen wird hier gezeigt. Sie wurden speziell aufbereitet, und man kann sich darauf verlassen, daß sie sich während des Bearbeitens und Brennens so verhalten, wie man es erwartet. Obwohl die Farbe eines gebrannten Tones anders ist als die Farbe des ungebrannten, zeigt Ihnen diese Auswahl doch die Vielfalt die dem Keramiker zur Wahl stehen.
Im Bild oben, von links nach rechts: Porzellanton, Steinzeugton, roter Irdenware-Ton. Unten: Rakuton, Kachelton, weicher Steinzeugton.

Sand und Schamotte in groben und feinen Qualitäten werden dem Ton beigemengt, um seine Beschaffenheit zu verändern, die Stabilität zu verbessern oder um die Farbe etwas zu verändern. Manche Schamotte, so wie der hier gezeigte gemahlene Ziegelton, verträgt nur Temperaturen bis 1100 °C. Bei höheren Temperaturen schmilzt er und schlägt durch die Tonoberfläche durch.
Im Bild oben, von links nach rechts: Sand, Schamotte. Unten: feine Schamotte, rote Schamotte.

Um interessante Oberflächenstrukturen zu erhalten, werden brennbare Materialien unter den Ton gemengt oder in die Oberfläche gedrückt, wenn der Ton noch weich ist. Sie verbrennen dann beim Brennvorgang.

Wenn bestimmte Tonfarben gewünscht werden, dann mischt man Farben oder Farbkörper unter den Ton. Man kauft sie in Pulverform. Es gibt helle, zarte Farben und auch kräftige, dunkle Töne. Diese Farbstoffe sollte man immer unter eine weiße oder sehr helle Grundmasse mischen, außer wenn ein besonders dunkel gefärbter Ton gewünscht wird.

Teil 2

Themen

Heute verbindet man den Begriff Töpferei nicht mehr unbedingt mit einer ganz bestimmten Vorstellung davon, was ein Werkstück aus Ton ist oder zu sein hat. Die Zeiten haben sich geändert. Dem Werkstoff Ton sind keine Grenzen mehr gesetzt. Die neu gewonnene Freiheit schlägt sich in einer reichen Palette unterschiedlichster Arbeiten nieder. Sie haben oft nur noch wenig mit traditioneller Töpferei zu tun. Oft wurden nur noch die altbekannten Techniken angewandt.

Der Leser wird schnell feststellen, daß ich es absichtlich vermieden habe, meine persönliche Meinung darzulegen. Ich wollte die Frage gar nicht erst aufwerfen, ob eine Arbeit in den Bereich ‚Kunst' oder ‚Handwerk' einzuordnen ist, ob sie eher zur Skulptur oder Töpferware gehört. Ich will auch nicht die Frage beantworten, ob der Gebrauchskeramik eine wichtigere Bedeutung zukommt als den sehr individuell gestalteten, nicht funktionalen Werkstücken.

Diese Fragen, die in den letzten Jahren heftige Diskussionen auslösten, sind nicht Thema dieses Buches. Ich möchte dem Leser vielmehr eine Reihe verschiedener Techniken vorführen und erläutern. Es sind einfache und traditionelle Techniken, aber auch ungewöhnlichere und kompliziertere. Ich möchte Annäherungsversuche vorschlagen, die anregen und ermutigen sollen.

Dieses Buch soll Ihnen als Lehrbuch und als Nachschlagewerk dienen. Ich hoffe, es wird Ihnen dabei helfen, selbst einen Einstieg in die Töpferei zu finden (es muß ja nicht gleich perfekt sein) und Ihr Wissen und Können so zu verbessern.

Die Beherrschung von Techniken allein ist sicherlich nicht das Ziel. Oft aber entstehen aus der intensiven Beschäftigung mit Arbeitsmethoden inspirierende Gedanken. Das Erforschen der technischen Möglichkeiten läßt manchen Töpfer auf einmal über vermeintliche Grenzen seines Könnens hinauswachsen.

Jemand anderer ist vielleicht in einer intensiven Auseinandersetzung mit dem Material verstrickt, auf der Suche nach geeigneten Verarbeitungsweisen, um sich auszudrücken.

In diesem zweiten Teil des Buches sollen Beispiele aus den Werken verschiedener Keramiker gezeigt werden. Hier wurden die Techniken, die im ersten Teil des Buches beschrieben werden, angewandt. Beim Auswählen der Themenbereiche boten sich verschiedene Möglichkeiten an. Kriterium war nicht gute oder schlechte Technik. Die Einteilung und Zusammenfassung in Themen erfolgte vielmehr unter dem Gesichtspunkt der unterschiedlichen Ansätze. Manchmal gleichen sich die Formen oder die Bearbeitungsweisen. Die dahinterstehenden Ideen wie auch die Endergebnisse sind jedoch völlig unterschiedlich. Bei anderen Stücken ist die dahinterstehende Thematik dieselbe, es wurden aber völlig andere Materialien und Techniken angewandt. Ein Themenbereich läßt sich auf vielfältige Art interpretieren. Eine gedrehte Schale, zum Beispiel, ist eine einfache Form, die auf einfachste Weise hergestellt werden kann. Doch kann man sie unendlich variieren.

Die Themenbereiche wurden so ausgewählt, daß sie zu neuen Ideen und Methoden anregen können. Weil sich aber die Arbeitsmethode nicht vom gestaltenden Prozeß trennen läßt, habe ich die Besonderheiten der angewandten Grundtechniken oft hervorgehoben und betont.

Wir alle reagieren auf bestimmte Reize sehr kreativ, und ich hoffe, daß Sie sich beim Betrachten der Werke der verschiedenen Keramiker dazu anregen lassen, eigene Ideen zu entwickeln, die Sie mit den erworbenen Grundkenntnissen in die Tat umsetzen können.

Natürliche und organische Formen

Der Keramiker Michael Bayley sagt, daß sich seine Ideen aus der Beobachtung der Landschaften, des Meeres, der Wolken, des Himmels, der Bäume, der Steine und manchmal der menschlichen Gestalt heraus entwickeln.

David Jones listet als Kommentar zu seinen Raku-Stükken eine Reihe von Dingen auf, die er sammelt und von denen er sich inspirieren läßt: vom Meer polierte oder verkrustete Muscheln, runde Bachkiesel, zerbrochene Steine, alte Blechdosen, die, vom Wasser angeschwemmt, langsam verrotten, all diese strengen Muster, die in einer vegetativen Welt inmitten eines offensichtlichen Chaos entstehen. Er sagt, daß er in seinen Raku-Arbeiten diese gegensätzlichen Kräfte vereint darzustellen versucht.

Unsere Umgebung ist eine ständige Quelle der Inspiration. Die Muster, Formen, Farben und Strukturen, die wir um uns finden, bilden eine Grundlage für keramische Formen. Eine einfache Muschel, ein Stück Treibholz oder eine Blume liefern den ersten Reiz, aus dem sich eine Idee entwickeln kann. Der Ausgangspunkt jedes Stückes unterliegt den unterschiedlichsten Einflüssen, auf die jeder Mensch verschieden anspricht und die er dann umsetzt. Und weil wir alle Individuen sind, wird die Arbeit des einen, auch wenn die gleiche Idee zugrunde liegt, sich immer von der Arbeit eines anderen unterscheiden.

Man kann das sehr gut an den Arbeiten von Mary Rogers (Seite 98) und Elsa Rady (rechts) erkennen. Beide Keramikerinnen beschäftigen sich mit pflanzlichen Formen und Gestalten. Beide verwenden Porzellanton als Grundmasse, und trotzdem haben die beiden Stücke völlig unterschiedliche Qualitäten. Mary Rogers reagierte auf die Zartheit und Sanftheit einer sich öffnenden Blüte mit ihren Falten und ihrer wellenartigen Zeichnung. Sie hat in der Arbeit diese Fältelung aufgenommen, indem sie dünne Blätter weichen Porzellantones in eine kleine, tiefe Schalenform steckte. Elsa Radys ‚Lilie' drückt eher scharfkantige Steifheit aus, die man ja bei vielen Pflanzen und Blumen finden kann. Die dünne, konturenscharfe Porzellanvase wurde erst gedreht und dann beschnitten (siehe *Facettieren*).

Bei einigen Arbeiten erkennt man den Ursprung sehr schnell. Bei anderen Objekten wurde eine Idee in einem solchen Maß weiterentwickelt, daß daraus etwas ganz Neues entstand und kaum noch Hinweise oder Anspielungen auf die ursprüngliche Idee übriggeblieben sind. In beiden Fällen hat der Töpfer nicht versucht, die Form einfach in Ton zu kopieren, sondern eher den Aspekt darzustellen, auf den er persönlich reagiert und angesprochen hat.

Die Arbeiten von Michael Bayley, zum Beispiel, beschäftigen sich mit Landschaften. Dies spiegeln auch seine sorgfältig ausgesuchten Tonmischungen und Farbkombinationen wider. Durch das Hinzufügen von Sand und Schamotte entstehen grobkörnige, poröse Tonmassen, die durch verschiedene Farbzusätze von Cremefarben bis hin zu Dunkelbraun reichen.

Auch Peter Lanes Arbeiten spiegeln solch ein Interesse an Landschaften wider. Auf vielen seiner Schalen erkennt man Aspekte davon, zum Beispiel Licht- und Schattenmuster. Die Formen, die er sich ausgesucht und beobachtend vereinfacht hat, werden mit Hilfe von Farbe, Glasur und Tonstruktur auf eine Fläche übertragen. Oder sie bilden den Ausgangspunkt für durchbrochene und eingedrückte Dekore, die ein Kennzeichen seiner Arbeit sind (siehe *Dekore*).

Die Formen von Karen Chesney beruhen auf ihrer gründlichen Kenntnis von Vögeln. Ihre sehr phantasievolle Methode, Formen aus gedrehten Teilstücken aufzubauen, vereint handwerkliches Geschick und Beobachtungsgabe. Ihre Formen sind, obwohl realistisch überzeugend, doch eher dekorativ als sachlich nüchtern.

Christine Constant arbeitet vor allem mit *Raku-Techniken*. Ihre Stücke sind technisch und optisch sehr beeindruckend. Manche haben eine deutliche Beziehung zu Meeresformen, machen gleichzeitig aber oft auch einen maschinellen Eindruck, so daß man an Winden und Schrauben oder an altmodische Werkzeuge denken muß.

ELSA RADY
Lilie
Der Titel dieser gedrehten und dann aufgeschnittenen Form bestätigt die offensichtliche Verbindung zu einer Blume oder Pflanze. Die Klarheit und Einfachheit der Form wird von der weißen Glasur noch betont. Die technisch vollendete Ausführung übersieht man dadurch beinahe.

▲ MICHAEL BAYLEY
Landschaft
Die Streifenmusterung entstand aus dünnen Scheiben eines aus verschiedenen Farbschichten bestehenden Tonblocks. Die Scheiben wurden dann in die Platte eingearbeitet, indem sie auf die weiche Tonfläche gerollt und eingedrückt wurden. Die hauchdünnen Schichten des Tonblocks entstanden auf dieselbe Weise. Mit dieser Methode kann man ein Bild immer wieder anders zusammensetzen und gestalten. Die unglasierte Oberfläche läßt den Ton in seiner Beschaffenheit und natürlichen Färbung sehr schön hervortreten. Die Tonmasse, die eingefärbten Sand und Schamotte enthält, gibt die natürlichen Strukturen einer Landschaft wider und regt zum Phantasieren an.

◄ MARY ROGERS
Porzellanschale
Die Zartheit einer sich öffnenden Blüte wurde in diesem handgeformten Porzellangefäß eingefangen. Die Durchsichtigkeit des Porzellantones und die Oxideinfärbungen (siehe *Farben*) in der weiß glasierten Fläche verbinden sich auf eine Weise, die wirklich an die melierte Zeichnung einer Pflanze erinnert. Das Stück entstand aus einer dünnen Porzellantonplatte, die sehr vorsichtig in eine Form gelegt wurde. Dabei entstand diese Fältelung. Der kleine Fuß wurde dann aus einem dünnen Tonstreifen geformt und angesetzt.

► MICHAEL BAYLEY
Steinzeugschale
Die marmorierten Streifen auf dieser Tonplatte wurden von einem vorbereiteten Tonblock geschnitten, der aus Schichten verschiedenfarbiger Tonsorten aufgebaut war. Sie wurden mit Schlicker auf die Oberfläche garniert. Die baumartige Oberflächenmusterung zeigt den geschickten Einsatz neutraler Erdfarben. Diese entstanden aus einer Kombination von St.-Thomas-Masse mit einer schokoladenfarbenen Masse. Dieser Masse wurde dann noch roter und weißer Ton als Kontrastfarben hinzugefügt. Das unglasierte Stück wurde roh bei 1260 °C einmal gebrannt (siehe *Glasieren*).

JO CONNELL
Vase mit floralem Muster
Die hier eingesetzten Dekore entwickelten sich aus dem Interesse an Art-Deco-Motiven. Dünne pflanzenartige Muster wurden aus verschiedenfarbigen Tonsorten ausgeschnitten und in eine Platte weißen Steinzeugtones eingelegt, die dann in eine zweiteilige Form gepreßt wurde (siehe *Preßformen*). Die Nahtstellen wurden sogar betont. Es wurde nicht versucht, sie zu verstecken. Als die Tonplatten fest waren und sich aus der Gipsform lösten, wurden die beiden Hälften zusammengesetzt und eine Tonrolle als Rand oben aufgesetzt. Das Stück wurde bei 1000 °C geschrüht. Es wurde nur innen glasiert, um es wasserundurchlässig zu machen. Anschließend wurde es in einem elektrischen Brennofen bei 1245 °C glattgebrannt (siehe *Brennen* und *Glasieren*).

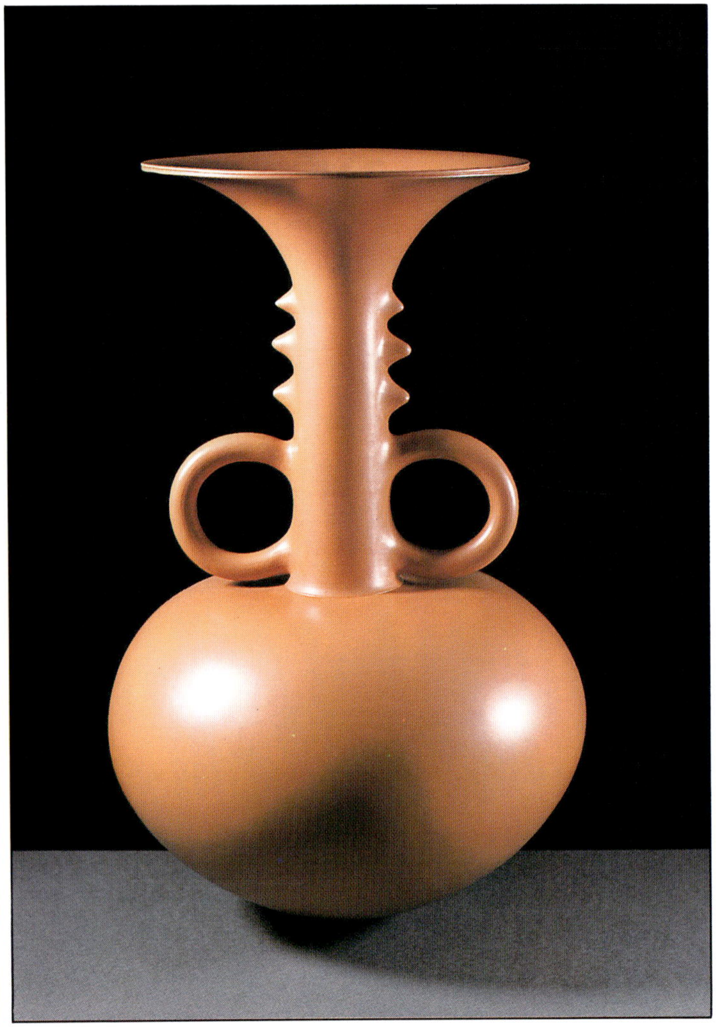

◄ MAGDALENE ODUNDO
Handgeformte polierte Vase
Diese weiche, rundbauchige Form wurde aus Tonwülsten aufgebaut und mit einem eingekerbten Hals versehen. Die sorgfältig geplanten Griffe sind ein kleiner Hinweis auf die Zweckgebundenheit dieser ansonsten sehr strengen und hochpolierten Form.

▼ MAGDALENE ODUNDO
Handgeformte polierte Vase
Die natürliche Schlichtheit dieser Form läßt an die Oberflächen und an die Symmetrie von Kürbissen oder anderen exotischen Früchten denken. Der erdige Farbton der verwendeten Tonmasse, der ovale Randabschluß und der abgeknickte Hals verstärken diesen Eindruck noch.

MAGDALENE ODUNDO
Handgeformte polierte und geräucherte Vase
Eine meisterhafte Beherrschung der Technik und ein gutes Gefühl für Proportionen zeigt diese elegante Vase. Die stark polierte Oberfläche weist wolkige Farbnuancen auf, die durch das Brennen im Sägemehl entstanden (siehe *Sägemehlbrand*).

BARBARA MANUEL
Strukturierte Form
Die grobe Beschaffenheit dieser Oberfläche erinnert an verwittertes Felsgestein. Dies wurde durch eine Methode erreicht, bei der kleine Tonstückchen zusammengedrückt werden, die Daumenabdrücke jedoch absichtlich sichtbar bleiben. Nach dem Schrühbrand wurden Engoben und Glasuren aufgetragen (siehe *Glasieren*), und das Gefäß in einer oxidierenden Atmosphäre bei 1240 °C gebrannt (siehe *Brennen*).

◄ KAREN CHESNEY
Vogelgefäß
Ihre sehr dekorativen Arbeiten entstehen durch das Zusammensetzen separat gedrehter Teile aus einer weißen Steinzeug- oder Porzellanmasse. Im lederharten Zustand werden die Teilstücke zusammengesetzt und mit verschiedenen Engoben bemalt (siehe *Engobe-Dekore*), häufig mit *Ausspar-* und *Sgraffitotechnik* kombiniert. Alle ihre Werke werden bei 1000 °C geschrüht, dann mit einer Transparentglasur überzogen und bei 1260 °C glattgebrannt. Anschließend werden noch einige Details mit Lüsterfarben aufgemalt und das Stück noch einmal bei einer Temperatur von 750 °C gebrannt. Das reicht aus, um die Glasur noch einmal anzuschmelzen, so daß die Lüsterfarben in die Glasur einsinken können (siehe *Brennen* und *Glasieren*).

▲ PETER LANE
Busch-Schale
Das schmückende Element dieser gedrehten Schale ist das durchbrochene Dekorband. Wie der Name des Stückes schon andeutet, hatte Peter Lane miteinander verschlungene Äste und Gestrüpp als Idee für diese Schale genommen. Es wurde eine mattweiße Glasur aufgetragen, und das Stück in einem elektrischen Ofen bei 1260 °C gebrannt (siehe *Dekore*).

◄ DAVID JONES
Raku-Gefäß
David Jones bezieht die Ideen für seine Formen und Oberflächengestaltung aus vielerlei Quellen.
Er läßt sich von der Natur inspirieren, von Muscheln und Kieselsteinen, von Schutthalden mit verrosteten und entstellten Dingen und von dem Wetter ausgesetzten Abfallprodukten, wie zum Beispiel alten Dosen. Die metallisch glänzenden Oberflächen entstehen dadurch, daß er verschiedene Metalloxide unter die Raku-Glasuren mischt und dann reduzierend brennt.

▲ G. WEIGEL
Modelliertes Gefäß
Dieses Stück erinnert in seinem kantigen, handgeformten Aufbau an Fels- und Gesteinsformen. Der eingearbeitete Spalt prägt die Arbeit und rückt sofort in den Mittelpunkt des Betrachters. Die erdfarbene Oberfläche betont den ruhigen, natürlichen Eindruck, ohne daß die Details dabei untergehen.

► IVES MOTTY
Modellierte Form
Hier wurden weiche, runde Bereiche mit scharfkantigen Flächen vereint. Solche Strukturen findet man häufig bei Steinen und Felsen. Die blaßgraue Färbung verstärkt diese Assoziation.

◀ CHRISTINE CONSTANT
Blaue Scheibe mit durchbrochenem Horn und Goldene Scheibe mit juwelenbesetztem Horn
Von den vielen Einflüssen, die man in ihren Arbeiten erkennen kann, ist das zentralste und immer wiederkehrende Thema das der Formen von Seetieren und Meerespflanzen. Für diese Stücke wurden mehrere Techniken angewandt, einschließlich sehr feiner *Applikationen* und Verzierungen mit ganz weichem Ton.

▲ CHRISTINE CONSTANT
Blaues, kupferfarben gestreiftes Schneckengehäuse
Viele ihrer rakugebrannten Stücke haben eine solche Spiralform. Sie erinnert an Schnecken. Bei diesem Stück wird dieser Eindruck noch durch die Farblinien betont, die sich auf der Oberfläche von oben nach unten winden. Die kräftig blauen und kupferfarbenen Bereiche sind besondere Glasureffekte, die beim Rakubrand entstehen.

CHRISTINE CONSTANT
Spiralgefäße mit Stacheln
Eine Vorliebe für alte Maschinenteile, seltsame Werkzeuge und Fundstücke zieht sich durch die Arbeiten dieser Keramikerin. Die sich in Spiralen nach oben schraubenden Formen erinnern an solche Metallteile, aber auch an die schon erwähnten Meeresformen. Diese stacheligen Gebilde wirken noch grimmiger. Bei diesen beiden Stücken wurde auf sehr interessante Weise von der *Ausspartechnik* Gebrauch gemacht: so entstanden die breiten, unglasierten Streifen. Diese wurden bei der dem Rakubrand folgenden Reduktion schwarz (siehe *Raku*).

CHRISTINE CONSTANT
Scheibe mit goldenem Horn
Durch eine raffinierte Anwendung von *Preßform-* und *Gießtechniken* werden die sehr individuellen Ideen von C. Constant umgesetzt. Einige ihrer phantasievollen Gebilde sehen tatsächlich fast aus wie lebendige Wesen, eingebettet in ihre natürliche Umgebung, dem Sand des Meeres. Die Versuche, zusammengehörende Formen zu finden, ist ein weiteres Thema ihrer Arbeit.

CHRISTINE CONSTANT

Scheibe mit Horn aus Dreiecken

Das aus dreieckigen Stücken aufgebaute Horn wächst aus der mit Stacheln versehenen Scheibe leicht gebogen heraus. Die wie Schuppen aussehenden Dreiecke lassen an einen Kettenpanzer denken. Dieses Stück erinnert an einige in der Natur auftretenden Oberflächenmuster. Sogar die mit geometrischen Mustern verzierte ‚Nase' erinnert an die regelmäßige Zeichnung von Insektenflügeln oder Meerestieren.

Der Mensch benötigte schon immer Gefäße und Behältnisse, um darin etwas aufzubewahren oder zu transportieren. Man glaubt, daß die ersten Tongefäße aus der Nachahmung der in der Natur vorkommenden hohlen Formen entstanden sind, wie zum Beispiel gebogene Baumrinden, ausgehöhlte Kürbisse oder gegerbte Tierhäute. Es ist wahrscheinlich, aber nicht beweisbar, daß die ersten Tongefäße zufällig geschaffen wurden. Zum Beispiel wurden Körbe mit Lehm verstrichen, um sie wasserdicht zu machen. Und sogar nachdem Ton schon lange zur Herstellung von haltbaren Gebrauchsgegenständen verwendet wurde, orientierte man sich noch an den Formen anderer Objekte, vor allem an denen aus Metall.

Ton entwickelte sich sehr schnell zu dem am meisten verwendeten Material bei der Herstellung von Vorratsgefäßen. Und so wurde auch der Töpfer immer wichtiger. Und in dem Maß, in dem sich die Produktion solcher Tongefäße steigerte, nahm auch die Entwicklung spezieller Formen ständig zu. Krüge und Schalen mit weiten Öffnungen, die ursprünglich zur Aufbewahrung von Korn oder anderen Speisen dienten, verwandelten sich zu höheren und schmaler geformten Gefäßen, in denen Flüssigkeiten wie Wasser, Wein, Bier und Öle besser gelagert werden konnten.

Die ersten Tongefäße waren handgeformt, mit einer Technik ähnlich der heutigen Aufbaumethode mit Tonwülsten. Und schon lange bevor die erste Drehscheibe benützt wurde (ca. 2000 v. Chr.), waren die Gefäße meist rund geformt.

Die Entwicklung der Töpferscheibe, obwohl es sich zu Anfang wohl um kaum mehr als um eine einfache, drehbare Scheibe handelte, hatte einen gewaltigen Einfluß auf die Entwicklung der Töpferei. Die Formen wurden feiner und bekamen dünnere Wandungen. Mit dem schnelleren Arbeiten nahm natürlich die Masse der produzierten Gefäße zu. Ähnliche Fortschritte machten das Brennen und die Entwicklung leistungsfähigerer Brennöfen. Die Entdeckung des Glasierens von Oberflächen, statt der bisher nur polierten, erhöhte außerdem die Lebensdauer der Gefäße und erweiterte deren Verwendbarkeit.

In gewisser Hinsicht hat sich in den letzten Jahrtausenden wenig verändert, Töpferware ist immer noch und vor allem Haushalts- und Gebrauchsware geblieben. Industrielle und halbindustrielle Fertigungsmethoden haben die Töpfer natürlich mehr und mehr beeinflußt. Doch mit einigen wenigen Ausnahmen arbeitet doch die große Mehrzahl der Töpfer und Keramiker auf und mit der Drehscheibe, um ökonomisch und qualitativ hochstehende Ware zu produzieren.

Historische und kulturelle Einflüsse lassen sich in den Arbeiten der meisten Töpfer mehr oder weniger erkennen. Eine Reihe moderner Keramiker erforscht alte Techniken und Verfahren, die aus einer bestimmten Epoche stammen, während einige die Philosophie und die Arbeitsmethoden anderer Kulturen gleich ganz übernehmen. Es ist zum Beispiel schwierig, über Haushaltskeramik zu sprechen, ohne die aus dem Orient stammende Keramik zu erwähnen. Und so sind auch die Arbeiten solcher Pioniere wie Bernard Leach und seiner Zeitgenossen nur unter dem Einfluß des ‚Ostens' zu verstehen. Viele der heute angewandten Techniken lassen sich zurückverfolgen bis zu ihrer Entstehung. Die deutsche Salzglasur, die Majolikamalerei und die Staffordshire-Engobetechnik waren, um nur einige zu nennen, von entscheidendem Einfluß auf die moderne Töpferei und wurden zum Ausgangspunkt für weitere Entwicklungen (siehe *Majolika* und *Engobe-Dekore*).

Die Liste der funktionalen Gebrauchsgüter kann unendlich fortgesetzt werden. So wie schon frühere Kulturen überlieferte Formen übernahmen und den neuen Funktionen entsprechend umwandelten, so entwickeln auch heutige Keramiker aus bereits lange existierenden Ideen neue, um sich verändernde Bedürfnisse zu befriedigen. Die schlichte, runde Suppenschüssel zum Beispiel hat sich in eine flache Schale verwandelt, damit man darin auch Nudeln servieren kann. ‚Feuerfeste' Ware wurde schon lange hergestellt, heute müssen viele Schüsseln und Schalen auch zum Einfrieren von Speisen, für den Mikrowellenherd oder die Spülmaschine geeignet sein.

So wie Sinn und Zweck sich langsam verändern, so sind auch ganz traditionelle Dinge einem ständigen Weiterentwicklungs- und Verbesserungsprozeß ausgesetzt. Die Teekannen von Walter Keeler und von dem ungarischen Keramiker Sandor Dobany sind so gestaltet, daß sie wie

jede andere Teekanne ihre Aufgabe erfüllen, und sind doch weit davon entfernt, wie eine normale traditionelle Teekanne auszusehen. Und auch die sehr praktischen salzglasierten Kasserollen von Jane Hamlyn sehen völlig anders aus als die klassisch geformten Schüsseln von Svend Bayer. Doch beide erfüllen auf eigene Weise ihren Zweck und sind schön anzuschauen.

SVEND BAYER
Steinzeugschüsseln
Trotz der sehr zweckmäßig schlichten Form haben diese Schüsseln den individuellen Charakter, den jedes auf der Scheibe gedrehte Stück besitzt. Die Spuren und Schattierungen auf der Oberfläche entstanden durch einen Holzofenbrand, bei dem der Ton in direktem Kontakt mit den Flammen gebrannt wird.

▲ JENNY CLARKE
Dosen mit gedrehtem Deckel
Die blaue und grüne Engobe der Deckeldekore wird durch die weiße Deckglasur in ihrer Farbe etwas gedämpft. Die Umrisse der Dekore sind trotzdem gut zu erkennen. Das Drehen von Dosen mit gutsitzenden, paßgenauen Deckeln erfordert äußerste Präzision bei der Arbeit.

▶ JENNY CLARKE
Töpfe mit Deckeln
Diese Steinzeuggefäße zeigen eine dunkle, eisenhaltige Engobe und Sgraffitodekore unter einer mattweißen Glasur. Das einfache, aber ausdrucksstarke Muster läßt die drei zusammengehörig erscheinen, obwohl sie in der Größe und der Funktion unterschiedlich angelegt sind.

◄ JENNY CLARKE
Käseglocke aus Steinzeug
Die tiefgrüne, halbtransparente Glasur auf diesem gedrehten Stück ist teilweise in die eingeritzten Dekorlinien hineingeflossen und betont so deren Wirkung. Der gewundene Griff paßt gut zu der runden Form der Glocke wie auch zu dem weichen Dekormuster.

◄ JANE HAMLYN

Salzglasierte ovale Kasserolle

Dieses sehr praktische Stück ist eindeutig zum Gebrauch bestimmt. Trotzdem mußte die Keramikerin nicht auf ihren sehr persönlichen Stil verzichten. Die in die Oberfläche gedrückten Rolldekore wirken in Verbindung mit der strukturierten Oberfläche der Salzglasur besonders gut.

► GUS MABELSON

Salzglasierte Teekanne mit Untergestell

Salzglasuren wurden in den letzten Jahren immer beliebter Sie eignen sich oft besonders gut, um traditionell geformte Stücke auch modernen Ansprüchen gerecht werden zu lassen. Auf diesem handwerklich meisterhaft ausgeführten Stück findet man *Eingedrückte Dekore* und *Applikationen,* die gut harmonieren.

GERRY UNSWORTH
Geräucherter Ingwertopf
Dieses elegante Gefäß beweist, daß ein praktisches Stück deshalb noch lange nicht langweilig aussehen muß. Die glasierte und mit Lüsterfarben überzogene Oberfläche wurde zum Schluß noch in Sägemehl gebrannt, um den Effekt zu erreichen, den Sie hier sehen. Der kuppelartige Deckel schließt das Gefäß auf eine harmonische, weil mit dem Korpus übereinstimmende Weise ab.

DAPHNE CARNEGY

Geschirr

Die sehr dekorative Oberfläche entstand durch zinnglasierte Majolikamalerei, kombiniert mit färbenden Oxiden und handelsüblichen Farbkörpern. Die stilisierten Dekore wurden mit dem Pinsel und dem Schwamm auf die frisch glasierte Fläche aufgebracht (siehe *Glasieren*).

DAPHNE CARNEGY

Großer Teller

Das sehr lebendig wirkende Blumenmuster auf diesem praktischen großen Teller zeigt eine gelungene und phantasievolle Nutzung der sich anbietenden Innenfläche.

DART-TÖPFEREI

Haushaltsgeschirr

Die in der Dart-Töpferei üblichen Oberflächendekore wurden von der Töpferin und Designerin Janice Tchalenko entwickelt. Sie wiesen einen neuen Weg bei der Dekoration von Haushaltskeramik.

◄ SABINA TEUTEBERG
Becher
Die einfachen und praktischen Formen dieser mit Hilfe der *Überdrehtechnik* entstandenen Becher wurden mit kraftvollen Farbmustern dekoriert und bringen so einen Lichtblick in jede Küche.

◄ SABINA TEUTEBERG
Großer Teller
Hier prägen kräftige geometrische Muster das Erscheinungsbild, ohne daß dabei von der Funktion des Stückes abgelenkt würde. Eingelegte farbige Tonstücke machten diese graphische Gestaltung der Fläche möglich.

SABINA TEUTEBERG

Teller

Die gelben und orangen Flekken bilden einen scharfen Kontrast zu den blauen Strichen. Solche gewagten Kombinationen und Muster kennt man in der Keramik noch nicht lange.

STEVEN HILL
Saftkrug
Dieses Stück ist ein gutes Beispiel für den individuellen Stil, den ein Töpfer auch bei einfachsten Formen entwickeln kann. Dieser Krug wurde direkt nach dem Drehen leicht verformt (siehe *Formen verändern*), um die gezogene Schnaupe zu betonen. Die bunte Oberfläche entstand durch das Auftragen verschiedener Glasuren. Der Henkel wurde stranggepreßt und angarniert.

STEVEN HILL
Gedrehte Urne
Bei diesem Stück läßt sich die unverwechselbare Direktheit einer gedrehten Fläche besonders gut erkennen. Die Form wurde ganz leicht verändert. Die eingeritzten Linien auf der Oberfläche verleihen dem Gefäß eine ganz bestimmte Spannung. Die rötlichen Farbspuren im oberen Bereich entstanden durch das Ineinanderfließen kupferhaltiger Glasuren, die dann in reduzierender Atmosphäre gebrannt wurden. Die Werke dieses Keramikers sind meist nur einmal gebrannt (siehe *Brennen* und *Glasieren*).

WALTER KEELER
Salzglasierter Steinzeugkrug
Obwohl es sich hier um ein in erster Linie funktionales Stück handelt, erinnert dieser moderne Entwurf doch fast an eine modellierte Plastik. Der stranggepreßte Henkel verbindet auf ungewohnte Weise den Boden mit dem oberen Rand und fügt so ein weiteres spannendes Element hinzu.

▲ WALTER KEELER
Salzglasierte Teekanne
Diese üppige gedrehte Form ist ein gutes Beispiel dafür, wie sich die unterschiedlichen und manchmal sehr gegensätzlichen Elemente der Funktion, der Dekoration und der Skulptur in einer Gestalt vereinen lassen.

▶ WALTER KEELER
Salzglasierter Krug mit Deckel
Dieser eindrucksvolle Krug erinnert an eine Blechkanne und trägt doch alle wesentlichen Merkmale der Tonbearbeitung. Wie fast alle Arbeiten von W. Keeler wurde auch dieser Krug aus einzeln gedrehten und dann verformten Teilstücken zusammengesetzt.

▲ DAVID SCOTT

Teekanne

Viele Werke von D. Scott sind sehr persönliche Interpretationen alter Gefäßformen. Die runde Eigenartigkeit seiner Teekannen, die oft mit Hilfe verschiedener Formtechniken, wie *Strangpressen, Drehen* und *Aufbauen* entstehen, haben einen eher modellierten Charakter.

▲ SABINA TEUTEBERG

Krug

Die Proportionen dieses Kruges tragen die sehr persönliche Handschrift dieser Keramikerin. Ihr phantasievoller Einsatz halbindustrieller Arbeitsmethoden macht einen ausgeprägten Individualismus möglich. Das kräftige Muster entstand durch das sorgfältig geplante Einlegen unterschiedlich gefärbter Tone (siehe *Achatware* und *Intarsien*).

SABINA TEUTEBERG
Großer Krug
Obwohl dieses Stück aus praktischen Erwägungen heraus geformt wurde, zeigen die übergroße, wie ein Vogelschnabel geformte Schnaupe ebenso wie auch der übertrieben wirkende Henkel, einen ausgeprägten Sinn für Humor.

Manche Töpfer sind von einem bestimmten Teilaspekt einer Arbeitsweise so fasziniert, daß dieser, ob es sich um einen dekorativen oder formbildenden handelt, ihre Arbeit völlig beherrscht. Die besonders guten Arbeiten sind jedoch selten die, bei denen nur ein Aspekt oder ein Teilstück außergewöhnlich ist. Besonders sind oft jene Werke, deren verschiedene Teile und Aspekte zu einem harmonischen Gesamtwerk zusammengefügt sind.

Besondere Oberflächenqualitäten können auf verschiedene Art und Weise erreicht werden. Manche Effekte entstehen direkt durch die verwendete Tonsorte oder durch eine bestimmte Verarbeitungsweise der Tonmasse. Die glatten, stark polierten Oberflächen der Gefäße von Magdalene Odundo zeigen, was allein durch das *Polieren* der lederharten Tonoberfläche erreicht werden kann. Auch die möglichen *Zuschlagstoffe* wurden schon erwähnt, die man dem Ton zu einem bestimmten Zeitpunkt beimischen kann. Sie führen (einschließlich anderer Tonsorten) dazu, daß der Ton sich auf eine spezielle Weise verändert.

Solche Zuschlagstoffe können sowohl Farben als auch Inhaltstoffe sein, die erst während des Brennens mit dem Ton reagieren. Letzteres ist ein Merkmal der Arbeiten von Ewen Henderson. Er fügt dem Ton eine Reihe von Materialien hinzu, die bei einer niedrigeren Temperatur, als der Ton selbst zum Brennen braucht, schmelzen und deshalb während des Brandes an die Oberfläche heraussickern.

Vor allem mit Glasuren kann man spezielle Oberflächeneffekte erzielen. Schon die Namen, die einige davon tragen, wie Ochsenblutglasur, Ölfleckglasur oder Hasenfellglasur deuten auf die entstehenden Farben oder Oberflächeneigenschaften hin.

Trotz dieser möglichen Effekte durch Glasuren darf man nicht die Rolle des Brennens dabei vergessen, da es sowohl die Glasur als auch den Ton betrifft. Zum Beispiel erhält man durch das Hineinwerfen von Salz in einen Brennofen die bekannte Salzglasur, aber eben nur, wenn die Brenntemperatur entsprechend hoch ist. Kristalle bilden sich in einer Glasur nur unter ganz bestimmten Bedingungen. Die Ochsenblutglasuren, die viel Kupferoxid enthalten, müssen in reduzierender Atmosphäre gebrannt werden, damit die purpurrote Färbung entsteht. Sogar die einfachsten und schlichtesten Glasuren verhalten sich völlig anders, wenn sie in einer reduzierenden oder einer oxidierenden Atmosphäre gebrannt werden. Die Farben wiederum, die bei einem Rakubrand entstehen, haben mehr mit dem tatsächlichen Brennvorgang als mit der verwendeten Glasur zu tun.

Das Brennen kann manchmal als Hauptfaktor für eine bestimmte Oberflächenstruktur gelten. Tonoberflächen, die beim Brennen direkt den Flammen ausgesetzt sind, wie das bei einem Ofen mit Holzfeuerung der Fall ist, tragen Spuren des Feuers, ebenso wie das auch beim Sägemehl- oder Grubenbrand geschieht. Sägemehl kann dazu genützt werden, dem unglasierten Ton eine tiefschwarze Färbung zu verleihen. Dafür wird es in einem Brennkasten direkt um und auf das Gefäß geschüttet und angezündet. Die schwarzen Gefäße von John Leach sind schöne Beispiele für diese Brennmethode.

Oberflächen können auch nach dem Glasur- oder Glattbrand noch weiterbehandelt werden, zum Beispiel mit Aufglasurschmelzfarben oder Glasemail, einem zweiten oder dritten Glasurauftrag oder sogar mit *Sgraffitotechnik.* Eine etwas weniger bekannte Methode ist das Sandstrahlen der Oberfläche. Auch das kann nach dem Glattbrand oder zu einem früheren Zeitpunkt geschehen. Beim Sandstrahlen wird mit hohem Druck Sand auf die Oberfläche geschleudert, der sich in die Fläche hineinfrißt, ob sie glasiert ist oder nicht.

Muster können mit Hilfe von *Schablonen* entstehen. Dabei werden mit aufgepinseltem Wachs, Latexkleber oder aufgelegtem Papier bestimmte Flächen ausgespart. Die gleiche Methode kann auch zum Strukturieren einer Oberfläche eingesetzt werden. Man sieht das auf den Werken von Harvey Sadow, der mit Hilfe einer Kombination von Sandstrahlen, mehrmaligen Bränden und dem Auftragen verschiedener Engoben äußerst interessante Oberflächen entstehen läßt.

HARVEY SADOW

Topf

Die sehr farbige und kontrastreiche Oberfläche wurde durch eine Kombination verschiedener Techniken erreicht: das Auftragen verschiedenfarbiger Engoben, Sandstrahlen und mehrere Rakubrände.

◄ MARIAN GAUNCE
Porzellanschale mit Schichtstrukturen
Hier wird der Aufbau gleichzeitig zur Dekoration. Die gemusterte Oberfläche ist das Ergebnis des Auf- und Aneinanderschichtens kleiner verschiedenfarbiger Tonstückchen und -streifen. Das Gefäß wird über einen Zeitraum von mehreren Wochen langsam getrocknet, damit keine Risse zwischen den einzelnen Teilstückchen auftreten.

▼ MARIAN GAUNCE
Große flache Schale mit Schichtstrukturen
Hier wurden schwarz und weiß eingefärbte Porzellantonstücke zu einem sehr effektvollen geometrischen Muster zusammengesetzt.

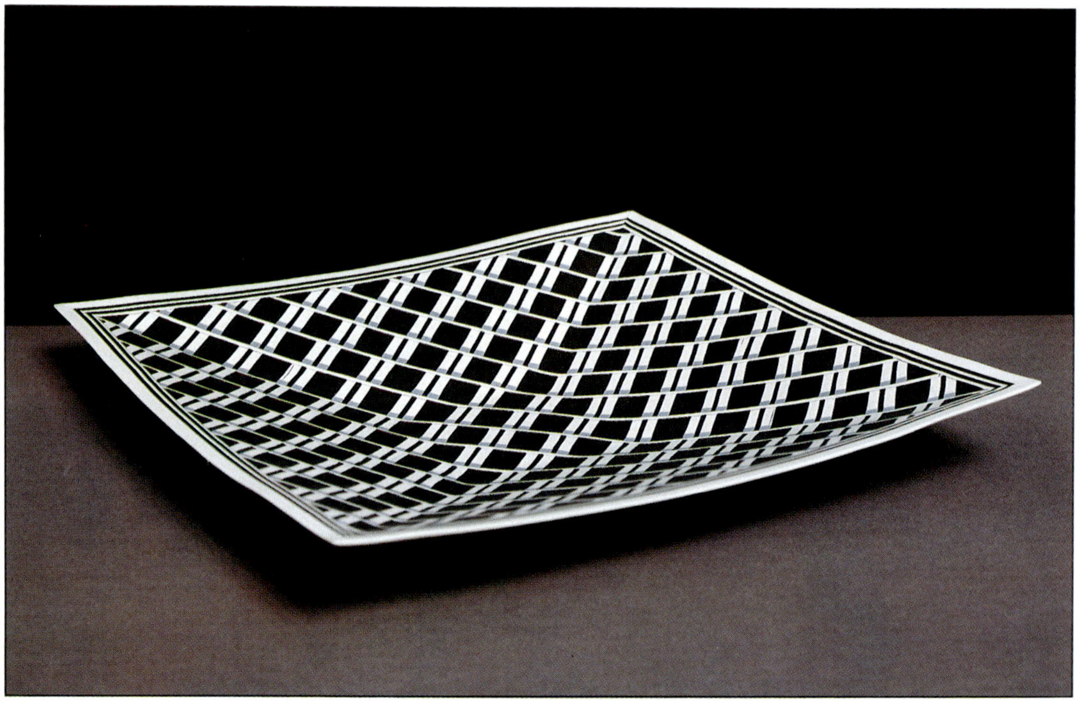

MARIAN GAUNCE

Hohe Schale mit Schichtstrukturen

Dieses Stück entstand durch *Preßformen* in einer drei- oder mehrteiligen Gipsform. Drei oder mehr Teilstücke wurden hergestellt, nacheinander in die Gipsform hineingelegt und sorgfältig miteinander verbunden. Der einfarbige Rand, der dem Gefäß einen optischen Abschluß gibt, wurde extra aufgesetzt.

◀ PETER LANE
Porzellanschale mit gekerbtem Rand und weißer Krakeleeglasur
Die deutlichen Krakeleerisse in der Glasur sind das Hauptmerkmal dieser Schale. Das Krakelee betont die Durchsichtigkeit und die Zerbrechlichkeit des Porzellantones noch mehr.

▼ JOHN LEACH
In Sägemehl gebrannte tiefe Schale
Die kräftig wirkende, aber schlichte Form dieses Stükkes wird durch die einfache weiße Linie, die sich um den Topf zieht, noch stärker betont.
Das Stück wurde in einer zum Teil mit Sägemehl gefüllten Brennkapsel in einem mit Holz befeuerten Steinzeugofen gebrannt (siehe *Brennen*).

JOHN LEACH
Gedrehte und in Sägemehl gebrannte Urne
Die schlichte Form dieses Stückes ist zeitlos und schön. Die starken Kontraste zwischen den geschwärzten Flächen und dem umlaufenden weißlichen Band sind optischer Beweis dafür, daß Feuer bei der Entstehung beteiligt war.

FELICITY AYLIEFF

Intarsierte Vase

Die handgeformten Stücke dieser Töpferin zeichnen sich durch ihre stark dekorierten Oberflächen aus. Sie wendet eine Technik ähnlich wie für *Achat-Ware* an, indem sie unterschiedlich eingefärbte Tonwülste zu immer wieder anderen Mustern zusammenschlingt. Von diesen werden dann kleine Scheiben abgeschnitten, die in die Oberfläche der Grundtonmasse eingelegt werden.
Die tiefschwarze Grundfarbe dieser Vase steht in scharfem Kontrast zu den marmorierten Flächenbereichen.

▲ ARCHIE McCALL
Steinzeugschale
Bei diesem Stück arbeitete der Töpfer mit mehreren Glasuraufträgen, *Ausspartechnik,* freien Pinselstrichen und Goldlüsterfarben, um diese sehr reich dekorierte Oberfläche zu schaffen.

◄ FELICITY AYLIEFF
Intarsierte Schale
Hier unterbrechen einfache schwarze Bögen die wie Marmor aussehende Gesamtfläche. Aus einem *Achat-Ware*-Block wurden dafür Stücke geschnitten und zusammengesetzt. Im lederharten Zustand wurden dann die eingelegten Bereiche sorgfältig abgerieben, damit das Muster deutlich hervortritt. Nach dem Sintern, bei 1220 °C, wurde die unglasierte Oberfläche poliert, um diesen an Stein erinnernden Glanz zu erreichen.

ELSIE BLUMER
Porzellanvase mit blauen Kristallen
Um die Ausbildung solch großer, deutlicher Kristall-‚Blumen' zu erreichen, bedarf es langer Erfahrung und Experimentierfreudigkeit. Die Glasur muß bestimmte Stoffe beinhalten, und der Brennzyklus muß sehr genau überwacht werden.

KRISTIANSEN
Kugel
Diese Form bot sich als Träger für solch eine kalligraphische Dekoration geradezu an. Bei näherer Betrachtung entdeckt man sogar noch mehr versteckte und halbverdeckte Buchstaben. Das Ganze wirkt wie ein Puzzle.

ELSIE BLUMER

Porzellanvase mit großen beigen Kristallen

Die wunderbaren großen Kristalle auf der Oberfläche dieser gedrehten Porzellanvase sind wirklich ein technisches Meisterwerk. Sie bildeten sich, als die Glasur noch flüssig war. Damit die Standfläche der Vase nicht auf der Einsetzplatte im Ofen festbackt, wurde das Stück zum Brennen auf eine spezielle Stütze gesetzt.

◀ SABINA TEUTEBERG
Teller
Das kräftige geometrische Design auf diesem Teller ist schlicht und doch ausdrucksvoll. Der Ton wurde mit einer Plattenwalze ausgerollt und vor dem Überdrehen mit verschiedenfarbigen Tonsorten eingelegt (siehe *Überdrehen*). Eine einfache transparente Glasur ist diesem Entwurf angemessen.

SABINA TEUTEBERG
Teller (Detail)
Auf diesen Detailaufnahmen erkennt man deutlich die verschiedenen Farben der eingelegten Tonmassen.

◄ ELIZABETH FRITSCH
Graue Vase
Die Keramikerin hat es mit diesen scheinbar auf der Oberfläche schwebenden Objekten auf sehr geschickte Weise verstanden, den Eindruck einer Dreidimensionalität zu erwekken. Sie verwendete farbige Engoben, um die Würfel so zu malen, daß sie sich je nach ‚Standort' auf der Vase perspektivisch ändern.

▲ JANET LEACH
Gedrehte und verformte Gefäße
Die unterschiedliche Färbung der Oberfläche, von schmutzigweiß bis hin zu orange, entstand durch eine spezielle Brennweise. Die hier gezeigten Verfärbungen werden meist durch einen Holzofenbrand hervorgerufen, weil die Gefäße dabei direkt mit den Flammen in Kontakt kommen.

ELIZABETH FRITSCH
Handgeformte Vase
Die flache Seite dieser Vase wurde mit verschiedenen pastellfarbenen Engoben bemalt. Die Idee für diese Motive entstand bei der Betrachtung von Klaviertasten.

Figürliche und abstrakte Formen

Alle Kunstrichtungen und Stilarten, sei es die Malerei, die Architektur, die Bildhauerei oder die Töpferei, haben ein gemeinsames Merkmal, den gestalterischen Prozeß. Es ist auch die Integration verschiedener Ideen, die die Grenzen der eigentlichen Tätigkeit überschreiten.

Der gerade vorherrschende Stil schlug sich immer auch in der Keramik seiner Zeit nieder. Es gibt zum Beispiel eine sehr deutliche Beziehung zwischen der Majolikamalerei des 15. und 16. Jahrhunderts und dem Malstil der Renaissance. Interessant ist auch, daß zu jener Zeit Keramiker auftraten, deren Arbeit genauso geschätzt war, wie die der Maler.

Weltberühmte Maler wie Paul Gauguin und Pablo Picasso bedienten sich des Tones als Medium für künstlerischen Ausdruck.

Die Werke dieser und vieler anderer Künstler wie Miro, Arp, Chagall und später die Abstrakten Expressionisten und Pop-Künstler hatten Einfluß auf die Entwicklung von Stilrichtungen. Diese wiederum beeinflußten die Arbeit vieler Keramiker und Töpfer. In diesem Jahrhundert hat die Keramik den Einflüssen Rechnung getragen, die von anderen Kunstrichtungen herkamen. Leute, die mit Ton arbeiten, sehen sich heute in der Rolle eines Künstlers oder Bildhauers, weil sie Ton oder ein anderes keramisches Material verwenden, um ihre künstlerischen Ideen in die Wirklichkeit umzusetzen. Und oft fehlt ihnen aber der Bezug zur traditionellen Töpferei völlig. Andererseits können viele Menschen nur mit Mühe akzeptieren, daß man Ton wie jedes andere Ausdrucksmedium verwenden kann und sollte.

Es sind jene, die auch meinen, daß ein Gemälde nur dann wirklich Kunst ist, wenn es etwas mit der sichtbaren Realität zu tun hat. Sie meinen damit, daß künstlerische Qualität etwas mit einer Art fotographischem Realismus zu tun haben muß. Solche Leute denken über abstrakte Werke nach dem Motto ‚Das kann ja jeder‘. Dieselben Fragen tauchen auf, wenn ein Stück aus Ton keinerlei Nützlichkeit oder Anwendbarkeit mehr aufweist.

Es ist tatsächlich einfacher, Gebrauchskeramik kritisch zu betrachten, die praktische Anwendbarkeit und die handwerkliche Ausführung zu diskutieren. Ein Tonobjekt hingegen, welches man nicht ‚benützen‘ kann, läßt sich schwer danach beurteilen, ob es gut, schlecht oder überhaupt von Bedeutung ist.

Es ist sehr interessant zu beobachten, wie vielfältig Ton sich auch in zwei Dimensionen einsetzen läßt: etwa so wie ein Maler seine Leinwand. Interessant ist Ton ebenso als Material für freistehende Skulpturen oder für Objekte, die irgendwie zwischen diesen beiden Kategorien liegen.

Sandy Brown, zum Beispiel, setzt so freimütig und ausdrucksvoll Farbe ein, daß ihr Teller zu einer Art Leinwand für ihre Kunst wird, während das Stück, das der ungarische Keramiker Gyozo Lorincz ‚Bild‘ nennt, eine Tonplatte ist, auf der er Symbole und Motive darstellt.

Relieftafeln sind ein Beispiel für keramische Werke, die zwischen Zwei- und Dreidimensionalität stehen. Die Arbeiten der amerikanischen Keramikerin Ruth Duckworth umfassen sowohl große Relieftafeln als auch dreidimensionale Skulpturen. Studiokeramiker versuchen sich oft auch an plastischen Formen und Objekten parallel zu den üblichen funktionalen Gebrauchsstücken. Dabei entstehen dann oft einige sehr individuelle Stücke.

Die Produktion von praktischen Haushaltsgegenständen hat hingegen völlig andere Kriterien. Wenn ein Keramiker normalerweise hauptsächlich an der Drehscheibe arbeitet, dann werden eventuell nebenher modellierte Skulpturen oft noch stark an Gefäße und gedrehte Formen erinnern. Die gedrehten und zusammengesetzten Gefäße von Hans Coper und die geflügelte Form von Colin Pearson beweisen dies. Beide Werke haben unübersehbar einen bildhauerischen Charakter und weisen dennoch im wesentlichen ‚gedrehte‘ Qualitäten auf.

◄ PETER COSENTINO
Schnitte
Dieses Stück entstand aus der Beschäftigung mit Proportion und Gleichgewicht in bezug auf Flaschenformen. Obwohl es verändert und wieder zusammengesetzt wurde, bleibt es im wesentlichen doch ein gedrehtes Stück. Es hat rosa- und weißgesprenkelte Engoben unter einer niedriggebrannten Transparentglasur. Nach dem Glasieren wurde es in Sägemehl gebrannt (siehe *Sägemehlbrand*).

▲ COLIN PEARSON
Geflügelte Form
Diese gedrehte und dann veränderte Steinzeugform enthält mit den angesetzten Flügelteilen bildhauerische Elemente. Die Oberfläche zeigt die normale Tonstruktur, die Verformbarkeit des Tones und die Unmittelbarkeit des Drehprozesses.

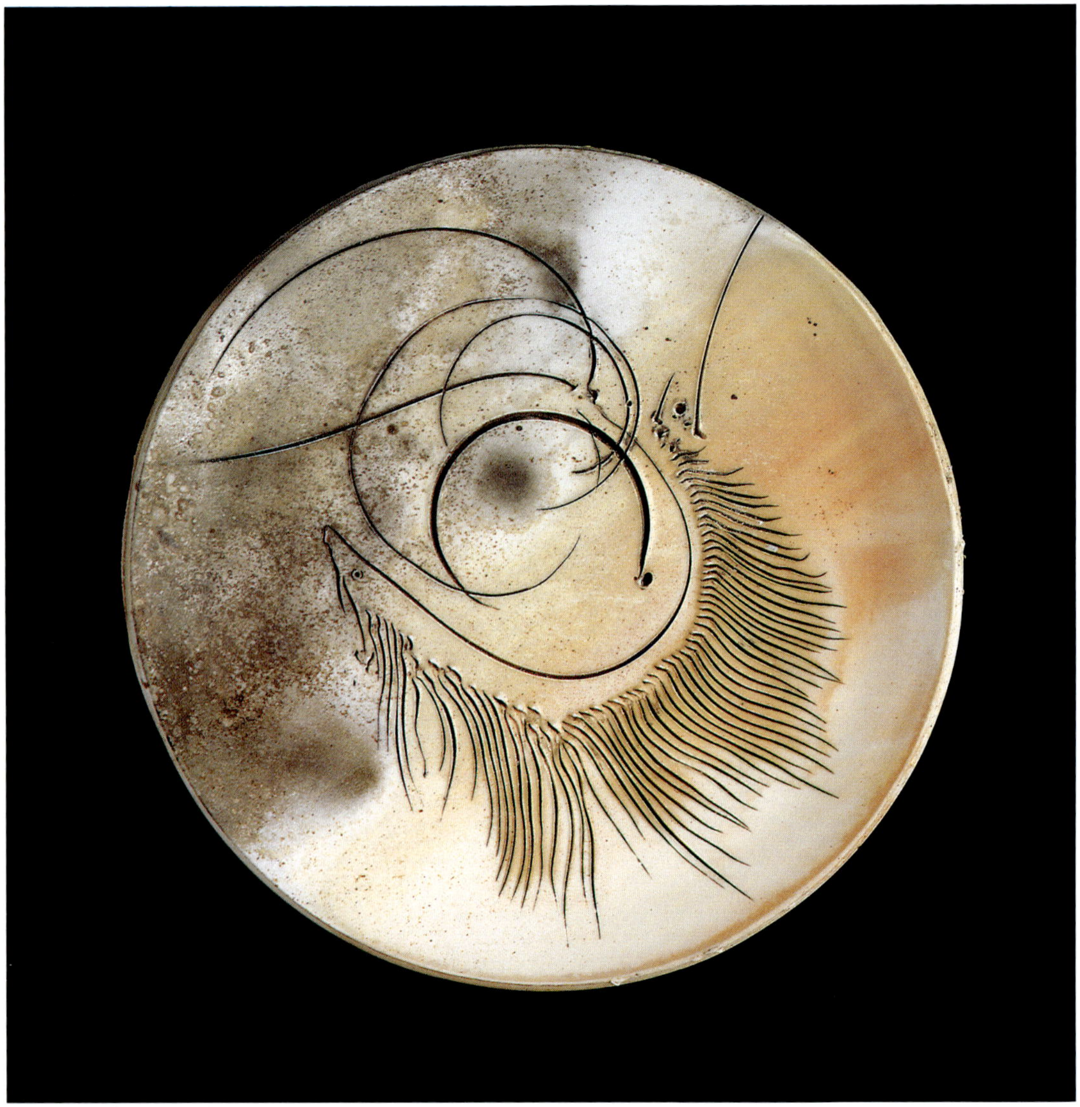

FRANK BOYDEN
Teller mit Skelett
Dieser in einem Holzofen gebrannte Porzellanteller blieb unglasiert. Er wurde mit Farben und mit eingeritzten Linien dekoriert.

HANS COPER

Distelform

Dieses aus gedrehten Teilen zusammengesetzte Stück ist ein Versuch mit Proportionen und Kontrasten. Die matte, helle Engobe auf der Außenfläche steht in scharfem Kontrast zu der glänzenden Dunkelheit des Inneren.

Die konzentrischen Linien auf der Oberfläche betonen noch zusätzlich den für gedrehte Stücke typischen Eindruck.

CAROL JACOBS
Modellierte Form
Dieses Stück aus Irdenwareton zeigt ein Ausloten der möglichen Gefäßform. Die Oberfläche wurde mit handelsüblichen Farbkörpern reich bemalt. Die Form wurde über einer Gipsform ausgebildet.

ELSA RADY
Paare – Stilleben
Diese Porzellangefäße wurden mit meisterhaftem Können gedreht. Doch das ist nur ein Teil der Bedeutung dieser Stücke. Elsa Rady hat Werkstücke so zusammengruppiert, daß sie in einer räumlich vereinten Beziehung zueinander stehen.

PAUL SOLDNER
Plastik
Dieses niedriggebrannte, unglasierte Stück wurde teilweise gedreht, bevor es durch Aufschneiden radikal verändert und völlig neu wieder zusammengesetzt wurde (siehe *Formen verändern*). Engoben und Farben wurden auf die Oberfläche aufgetragen, und beim Brennen wurde Salz in den Ofen geworfen.

◄ VIROT
Objekt
Der französische Keramiker verwendet eine grobkörnige poröse Tonmasse und hauptsächlich Tonplatten, um daraus seine Stücke und Objekte aufzubauen. Die dunkelgraue Steinzeugglasur verstärkt den denkmalartigen Eindruck, den dieses Objekt macht.

► LUGETTI
Abstraktes Objekt
Auf dieser einfachen, jedoch sehr kraftvollen abstrakten Komposition stehen sich Hell und Dunkel, glatte und strukturierte Flächen sowie ausgefranste und gerade Kanten kontrastreich gegenüber. So entstand eine sehr reizvolle Optik.

▶ GYOZO LORINCZ

Bild

Dieser Keramiker bearbeitete seine oxidierend gebrannte Steinzeugplatte fast genauso, wie ein moderner abstrakter Maler Farbe auf seiner Leinwand einsetzt.

▶ NORA BLAZEVICIUTE

Vögel und Steine

Diese Keramikerin hat ihre Vogelgestalten teilweise abstrakt verformt. Doch haben sie alle wesentlichen Erkennungsmerkmale in einer vereinfachten und stilisierten Form. Die aus Steinzeugton gefertigten Stücke wurden reduzierend gebrannt und glasiert. Sie sehen am besten aus, wenn sie, wie hier, zu einer Gruppe zusammengestellt werden.

MAMEDOV ELDAR MURSAL OGLY
Objekt (bemalter und glasierter Steinzeugton)
Dieser aserbeidschanische Keramiker verwendet Farbe, Gestalten und Symbole für seine modellierten Plastiken, die oft stark auf seinen kulturellen Hintergrund hinweisen.

Offene Formen

Eine der einfachsten Formen und eine, die sich für fast alle Dekorationstechniken anbietet, ist die offene Form. Es ist ein sehr allgemeiner Begriff, der alle teller- oder schalenförmigen Stücke umfaßt. Solche Formen werden aus unzähligen Gründen und zu unendlich vielen Zwecken hergestellt. Der Begriff schließt die funktionale Haushaltskeramik, wie Teller, Tassen und Schüsseln, ebenso ein wie die teilweise oder völlig von einer Funktion losgelösten Stücke.

Wird Keramik mit Hilfe einer der halbindustriellen Verfahren wie *Gießen, Preßformen, Überdrehen* und seltener auch dem *Strangpressen* hergestellt, sind Gestalt und Größe des Gefäßes Teil des Herstellungsprozesses. Handaufbautechniken und vor allem das *Drehen* aber fördern schon von ihrem Wesen her das Entstehen offener Formen. Handgeformte Gefäße entstehen durch das Drücken und Pressen von Ton, der dabei dünner wird. Dadurch dehnt sich die Form aus, sie wird breiter und höher. Bei *Daumenschälchen* zum Beispiel wird die Tonwandung ständig dünner gedrückt, während die Form in der Hand gedreht wird. Auch aus Tonwülsten aufgebaute Werke werden breiter, wenn man die Wülste miteinander verstreicht. Das ist auch das Hauptproblem jedes Anfängers, der eigentlich möchte, daß seine Form nach oben wächst, aber merkt, daß sie statt dessen immer breiter wird.

Beim Arbeiten auf der Drehscheibe drängt die auf den sich drehenden Ton wirkende Zentrifugalkraft die Form nach außen, hin zu einer offenen Form. Der Töpfer, der ein schmales und hohes Gefäß drehen möchte, muß bewußt gegen diese Tendenz des Tones arbeiten.

Überließe man den Ton diesen Fliehkräften, würde die entstehende Form immer offener, bis sie zu breit wäre, um sich selbst noch halten zu können. Sie würde in sich zusammenfallen. Also ist eine offene Form zum großen Teil das Ergebnis davon, daß der Ton sich entsprechend seiner Eigenschaften verhält.

Es ist die genaue Kenntnis des Materials und das geschickte Ausnützen der Bearbeitungsmöglichkeiten, die die Töpfer dazu befähigt, solch eine Vielzahl unterschiedlicher Formen aus einer täuschend einfachen Grundform herauszuarbeiten.

Einige Töpfer sind allein von der Form und Gestalt eines Gefäßes so fasziniert, daß sie sich der offenen Gefäßformen auf sehr individuelle Weise widmen. Überlegungen, wie die einzelnen Elemente einer Schale oder eines Tellers proportional zueinanderstehen sollen, werden vorrangig und drängen andere, wie die Oberflächendekoration, in den Hintergrund. Die tiefen handgeformten Schalen von John Ward, zum Beispiel, drücken in erster Linie ein Erforschen der Form um der Form willen aus. Es ist die sorgfältige Bestimmung und Ausarbeitung der Schale in ihrer Bedeutung als Gestalt, Inhalt und eingefaßtem Raum. Die Schalenformen von Keramikern wie Alan Caiger-Smith und Sutton Taylor dagegen sind, obwohl sie handwerklich genauso vollkommen sind, eher ein Medium für sehr individuell gestaltete Oberflächen. Die Ergebnisse können dabei recht spektakulär sein, weil die Dekoration selbst zu einem formgebenden und formgestaltenden Mittel wird. Alan Caiger-Smiths sehr geschickter Umgang mit Lüsterfarben, die mit dem Pinsel auf eine weiße Glasur aufgetragen werden, ist nur ein Beweis dafür, was für ein hohes Dekorationsniveau erreicht werden kann.

Seine sehr flüssige, direkte und sichere Pinselführung hat sich über die Jahre zu einem ausgeprägten Gespür für kalligraphische Entwürfe entwickelt.

In scharfem Gegensatz dazu stehen die Keramiker Ian Byers und Johan Van Loon. Ihre Formen bieten keinerlei nutzbare oder dekorative Oberfläche an.

Diese Plastiken sind eher persönlicher Ausdruck und Interpretation der offenen Form, so wie sie sich in bezug auf Raum und Inhalt verhält.

Dorothy Feibleman nützt die offene Form als Basis für ihre sehr persönliche Technik , die sich aus der Marketerie ableitet. So wird Dekoration mit strukturellem Aufbau verknüpft. Die Art und Weise, wie sie ihre Schalen formt, verleiht ihnen gleichzeitig interessante Muster.

◀ ALAN CAIGER-SMITH
Handgedrehte Schale, weiße Zinnglasur auf rotem Irdenwareton
Die kalligraphischen Pinselstriche auf dieser Schale sind sehr bewußt so gesetzt, daß sie das räumliche Innere der Schale erfassen. Das Design beruht hauptsächlich auf der Ausgewogenheit der Breite und Strenge der Linien in bezug auf die weiße Hintergrundglasur. Obwohl das hier sehr einfach aussieht, wirkt eine solche Gestaltung doch nur dann überzeugend, wenn die Pinselstriche schwungvoll aufgetragen sind.

▼ GERRY UNSWORTH
Porzellanschale mit rosa Lüsterfarbe
Bei dieser kleinen Schale stehen Proportion und Form im Einklang. Die Schale wächst kraftvoll aus dem gedrehten Fuß heraus, wird nach oben hin breiter. Sie schließt mit einem leicht nach außen gezogenen Rand ab, der die Tendenz gedrehter Stücke, sich auszudehnen, sehr schön in sich aufnimmt.

PETER LANE
Porzellanschale mit Wellenlinien
Wellenförmig eingeritzte und -gekerbte Linienbänder überlagern sich auf der Außenseite dieser kunstvoll gedrehten Porzellanschale. Das an Wellen erinnernde Muster wird von den sanften Einkerbungen des Randes und durch die zartblaue Seladonglasur noch verstärkt. Die Glasur läßt alle Linien deutlich durchschimmern. Das Stück wurde bei 1280 °C in reduzierender Atmosphäre gebrannt.

PETER LANE
Porzellanschale mit Baummuster
Das eingeschnittene, durchbrochene Band zieht sofort die Blicke auf sich. Die stilisierten Formen erinnern an Baumreihen, deren Kronen ineinanderwachsen. Man sieht, Vorlagen und Ideen für eine interessante Gestaltung lassen sich überall finden. Sehr genau wurde hier auch überlegt, wo die Wandung durchbrochen werden konnte, ohne die Form unnötig zu schwächen. Das Stück wurde in einem elektrischen Brennofen bei 1260 °C gebrannt.

SUTTON TAYLOR
Mit Lüsterfarben bemalte Irdenwareschale
Die Oberflächenmusterung entstand auf ganz unterschiedliche Weise. Bestimmte Lichteffekte zum Beispiel entstanden durch sich überlappende, halb durchsichtige Blätter. Die Oberflächendekoration wirkt wie ein wilder Pflanzendschungel. Die Grundglasur wurde bei 1120 °C gebrannt. Nach dem Auftragen der Lüsterfarben wurde die Schale noch einmal bei ca. 750 °C in reduzierender Atmosphäre gebrannt. Dadurch schmolz die Grundglasur noch einmal an, so daß die Lüsterfarben in sie hineinfließen und sich mit ihr verbinden konnten.

SUTTON TAYLOR
Lüsterschale (Detail)
Hier zeigt sich die reiche Farbenkombination und die Oberflächenstruktur, die S. Taylor auf dieser Schale erreicht hat.

JOHN ABLITT
Polierte Schale
Dieses Stück ist klar und deutlich in seiner Form und mit einem modernen Design. Die dekorativ gestaltete Innenfläche birgt Elemente des textilen Designs. Sie bietet sowohl einen Kontrast als auch eine optische Wohltat im Vergleich zu der Strenge der schwarzen Flächen darumherum. Die Schale wurde preßgeformt und mit verschiedenen Engoben bemalt, dann im lederharten Zustand poliert und anschließend bei 1000 °C gebrannt.

DAVID JONES
Gedrehte Rakuschale
Der typische grobkörnige und poröse Charakter der Rakutonmasse läßt sich in den tiefschwarzen Bändern, die sich über die Fläche ziehen, deutlich erkennen. Die Schwarzfärbung dieser Bereiche erreicht man, indem diese unglasiert gelassen und in Sägemehl oder einem ähnlichen Material direkt nach dem Rakubrand reduzierend gebrannt werden. Diese Bänder sind das vorherrschende Element auf dieser Schale. Sie werden durch den eingeschnittenen Rand noch betont.

IAN BYERS

Schnabelform

Die Technik des Aufbauens mit Tonwülsten führte bei dieser Schale zu einer sehr natürlichen Form. Diese Wirkung verstärkte der Keramiker noch, indem er Engoben auftrug und die Fläche teilweise polierte, mit Lüster überzog und räucherte. Die Form wirkt sehr ruhig und kontemplativ. Dies regt den Betrachter dazu an, die Form in Beziehung zu Raum und Inhalt zu setzen.

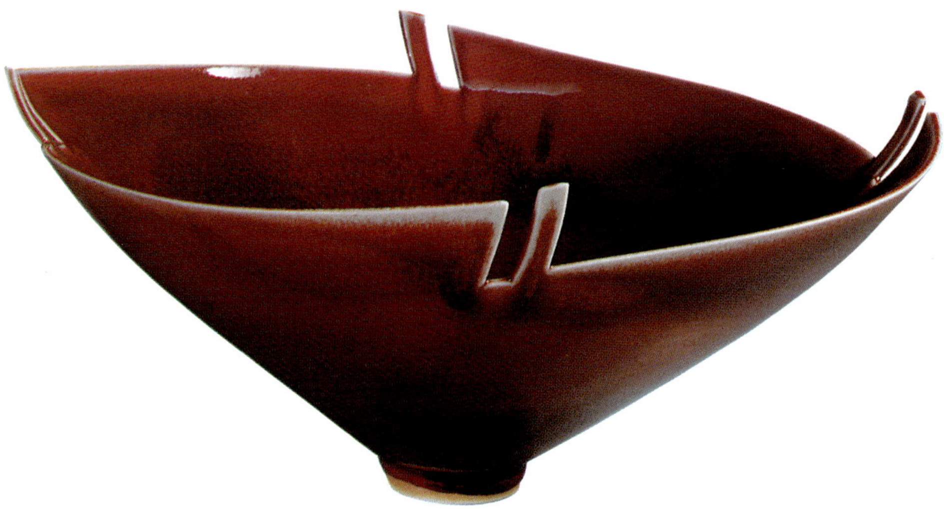

▲ ELSA RADY
Porzellanschale
Diese amerikanische Keramikerin verwendete hier eine Glasur, die eine sehr interessante, stark strukturierte Oberfläche entstehen läßt. Sie steht in überraschendem Kontrast zu der klaren, scharfkantigen Form selbst.

ELSA RADY
Fingerabdrücke
Form und kompromißloser Farbeinsatz lassen ein Gefühl von Spannung und Gedanken an die mechanischen Kräfte der heutigen Zeit aufkommen. Ihre sehr dünn gedrehten Porzellanformen, manchmal ein wahres technisches Wunderwerk, sind oft beschnitten und verformt.

ELSA RADY
Schale
Viele von Elsa Radys Arbeiten sind von einer grellen, fast aufdringlichen Farbgebung bestimmt. Die Farbe ist so gleichmäßig aufgetragen, daß sie wie gespritzter Lack auf einer Metallfläche aussieht.

◄ ► DOROTHY FEIBLEMAN
Schalen
Die formenden und dekorativen Techniken, die sie bei der Herstellung dieser Schalen einsetzt, sind immer die gleichen. Die Schalen entstehen aus sorgfältig arrangierten Teilstücken unterschiedlich eingefärbter Tonsorten. Sie werden dann in einer mit einer dünnen Tonschicht ausgekleideten Gipsform zusammen- und aneinandergesetzt. Ist die Form fertig, werden Außen- und Innenseite sorgfältig versäubert und abgeschabt, um das klare Muster freizulegen. Die linke Schale erinnert an in der Natur vorkommende Muster, an Steine, Pflanzen oder Gemüse. Das eher geometrische Muster der Schale auf der rechten Seite führt die Präzision vor, die beim Preßformen möglich ist. Das häufige Mißlingen solcher Werkstücke wird durch ihre Methode, die Stücke noch zusätzlich mit durchbrochenen Strukturen zu versehen, natürlich vermehrt.

LICIE RIE
Gedrehte Schale
Die zarte Rosafärbung und die dünnen, strahlenförmig nach außen laufenden eingeritzten Linien werden von einem dunklen Rand und einem Fußring gleichsam eingefaßt. Die ganze Erscheinung erinnert an die Form und an die Lamellen von Pilzen.

JOHN WARD

Tiefe handgeformte Schale

Ward ist ein Keramiker, der sich vor allem mit der Grundform der Schale befaßt. Das führt ihn dahin, daß er die Bedeutung der Form über die der Funktion stellt. Das Stück hier ist mit grünlichen Kreisen verziert, die durch eine mattweiße Glasur hindurchschimmern.

MARY RICH

Gedrehte Schale

Die eher kantige Erscheinung dieses sehr dekorativen Stükkes wird auch von dem streng geometrischen Goldlüstermuster aufgenommen, das die Außen- und Innenfläche der Schale überzieht.

Geschlossene und enge Formen

Um geschlossene Formen herstellen zu können, muß der Keramiker eine Reihe technischer Probleme lösen, die speziell bei diesen Formen auftreten. Außerdem muß die Herstellungsmethode sehr sorgfältig überlegt werden, weil bestimmte Faktoren, die sich auf mit der Hand aufgebaute Stücke beziehen, nicht die gleichen sind wie für gedrehte oder gegossene Werke.

Handformtechniken, wie das Aufbauen mit Tonwülsten, sind sehr beliebte Methoden für die Herstellung sich verengender oder geschlossener Formen. Es entsteht jedoch immer das Problem, wie das Gewicht der überhängenden Bereiche gestützt und gehalten werden kann. Wie im ersten Teil dieses Buches beschrieben, wird jeder neue Tonwulst etwas nach innen versetzt auf die vorhergegangene aufgelegt, damit sich die Form auf diese Weise verengt und schließt. Der Ton muß dafür weich genug sein, damit man die einzelnen Wülste gut miteinander verstreichen und verbinden kann. Ist der Ton aber zu weich, dann kann eine sich verjüngende Form leicht zusammenbrechen. Dieses Problem kann auf verschiedene Weise gelöst werden. Lose hineingestopftes Zeitungspapier kann zur Unterstützung der noch weichen Tonwandung dienen. Oder man läßt den unteren Bereich eines Gefäßes trocknen und hält währenddessen den oberen, gerade bearbeiteten, Bereich unter Tüchern feucht. Auch ein Fön kann eingesetzt werden, um den Trockenprozeß zu beschleunigen. Einige Keramiker verwenden sogar eine Lötlampe. In weniger entwickelten Kulturen kannten die Töpfer eine Variante dieser Methode. Sie legten heiße Kohlen in das Gefäß, so daß es am Boden trocknete, die oberen Bereiche aber bearbeitbar blieben. David Roberts, bekannt für seine großen rakugebrannten Flaschenformen, löst das Problem, indem er an mehreren Flaschen gleichzeitig arbeitet. Dadurch trocknen sie nicht nur, während sie weiter aufgebaut werden, das hat außerdem noch den Vorteil, daß mehrere, ähnlich geformte Stücke gleichzeitig entstehen. Sie bilden dann eine zusammengehörende Gruppe.

Geschlossene oder sich verengende Formen werfen vor allem beim *Gießen* oder *Preßformen* Probleme auf. Denn von der Form her würde das bedeuten, daß in der Gipsform Überhänge geschaffen würden, die es unmöglich machen, das entstandene Gefäß wieder herauszunehmen. Also müssen solche Gipsformen, egal ob rund oder flaschenförmig, immer aus mindestens zwei Teilen bestehen.

Beim *Drehen* wird die Geschicklichkeit und das Können des Töpfers auf die Probe gestellt.

Wenn eine offene oder schalenförmige Form gedreht wird, arbeitet die Zentrifugalkraft der sich drehenden Scheibe für den Töpfer. Bei einer geschlossenen oder engen Form aber muß er (oder sie) gegen die natürliche Tendenz des Tones anarbeiten. Das *Einziehen* spielt bei der Herstellung solcher Gefäße eine wichtige Rolle. Die sich dabei ergebende Verdickung der Tonwandung wird entweder beim weiteren Einziehen oder Verschließen der Form aufgebraucht oder, wenn es sich um Flaschenformen handelt, dazu verwendet, den Hals noch höherzuziehen. Töpfer, die Flaschen- oder Kugelformen drehen, blähen die Form oft direkt nach dem Drehen auf, indem sie hineinblasen, um die bauchige Rundung zu verstärken. Der Hals kann dann versiegelt werden, wenn er eng genug ist, damit die eingeschlossene Luft die Form aufrechthält, bis der Ton fest geworden ist. Es ist üblich, den Boden solcher geschlossener oder enger Formen relativ dick stehenzulassen, damit er als Stütze für die überhängenden Bereiche dient. Ist der Ton dann lederhart geworden, wird er abgedreht (siehe *Abdrehen*).

Viele an der Drehscheibe arbeitende Töpfer nehmen solche Flaschen- oder Kugelformen in ihr Repertoire mit auf. Derek Clarkson ist einer von ihnen. Er ist bekannt für seine ständige Weiterentwicklung und Verfeinerung der gedrehten Flaschenformen.

Wie alle Töpferwaren haben auch geschlossene oder sich verengende Gefäße ihren Anwendungsbereich. Flaschen und Flakons finden sich in allen Kulturen und Epochen. Aber auch rein dekorative oder sehr abstrakte Formen dieser Art sind es wert, beachtet zu werden. Manche der hier gezeigten Beispiele fallen gleich in zwei oder mehrere Bewertungskategorien. Eine runde oder teilweise geschlossene Form kann zum Ausgangspunkt für Gedanken über eine bestimmte Gefäßform oder auch über eine spezielle Oberflächengestaltung werden, auch wenn das Gefäß teilweise oder vollständig funktionalen Charakter besitzt.

DAVID LEACH

Runde Form

Dieses Gefäß verengt sich oben zu einem sehr ausgeprägten Kragen, der wie ein Schlußpunkt wirkt. Die dunkle, eisenhaltige Glasur bricht durch die hellere hindurch und schafft so eine interessante Oberflächenmusterung.

◀ HARVEY SADOW

Heilige Stätten (Australische Serie)

Farbe und Struktur auf diesem Rakugefäß sind auf hervorragende Weise eingesetzt. Die Kombination von leuchtender Farbe und Oberflächenstrukturen wurde durch mehrmaliges Brennen und durch Sandstrahlen der Oberfläche bei verschiedenen Arbeitsphasen erreicht.

▶ HARVEY SADOW

Nullpunkt-Serie

Die hier gezeigte meisterhaft ausgeführte Kombination von Engoben, Sandstrahlen und mehreren Rakubränden hat diesem Stück seinen zeitlosen Charakter verliehen. Die stellenweise aufgerauhte Oberfläche ist das Ergebnis des Sandstrahlens. Die bronzefarbenen und die schwärzlichen Bereiche sind beim Rakubrand entstanden.

DAVID ROBERTS
Flaschenformen
Diese Flaschengefäße von dem Raku-Töpfer D Roberts wurden gleichzeitig und in Wulstaufbautechnik ausgeführt. Die subtilen Veränderungen der Proportion, der Gestalt und der Krakeleebildung sind wichtig, um die Stücke zu einer Gruppe zusammenfassen zu können.

FRANK BOYDEN
Rabenfalle
Diese gedrehte Form bildet die Grundlage für eine verblüffende, wenn auch etwas makabre Oberfläche. Das Stück wurde aus Steinzeugton gefertigt, aus dem ‚Vogelknochen' aus Porzellanton herausragen. Die bronzefarbene Oberflächenglasur enthält Mangan und Kupfer. Das Stück wurde in einem Holzbrandofen gebrannt.

FRANK BOYDEN
Vase mit ‚Totem Lachs'
Diese Porzellanvase blieb unglasiert. Die Farbschattierungen ergaben sich beim Brennen in einem mit Holz befeuerten Ofen. Der blasse Bereich auf der einen Seite entstand durch Ascheanflug.

▲ PETER BEARD
Topf
Die Oberflächenstrukturen entstanden aus einer Kombination von Farbaufträgen mit einem Schwamm und Wachsausspartechnik. Weiße Engobe wurde als heller Hintergrund aufgetragen. Nach dem Schrühbrand wurde noch eine Glasurschicht aufgebracht und noch mehr Glasur mit dem Schwamm aufgetupft. Die Musterung entstand durch mit Wachs bestrichene Felder, auf die noch einmal Glasur und Farben aufgemalt wurden.

◄ PETER COSENTINO
Große polierte Flasche
Diese gedrehte Form erhielt einen Engobeüberzug aus einem Grubenton. Der kleine Hals wurde absichtlich nicht begradigt, um die Natürlichkeit dieser Form zu betonen. Die Oberfläche wurde nach dem Schrühbrand in einem Sägemehlofen geräuchert.

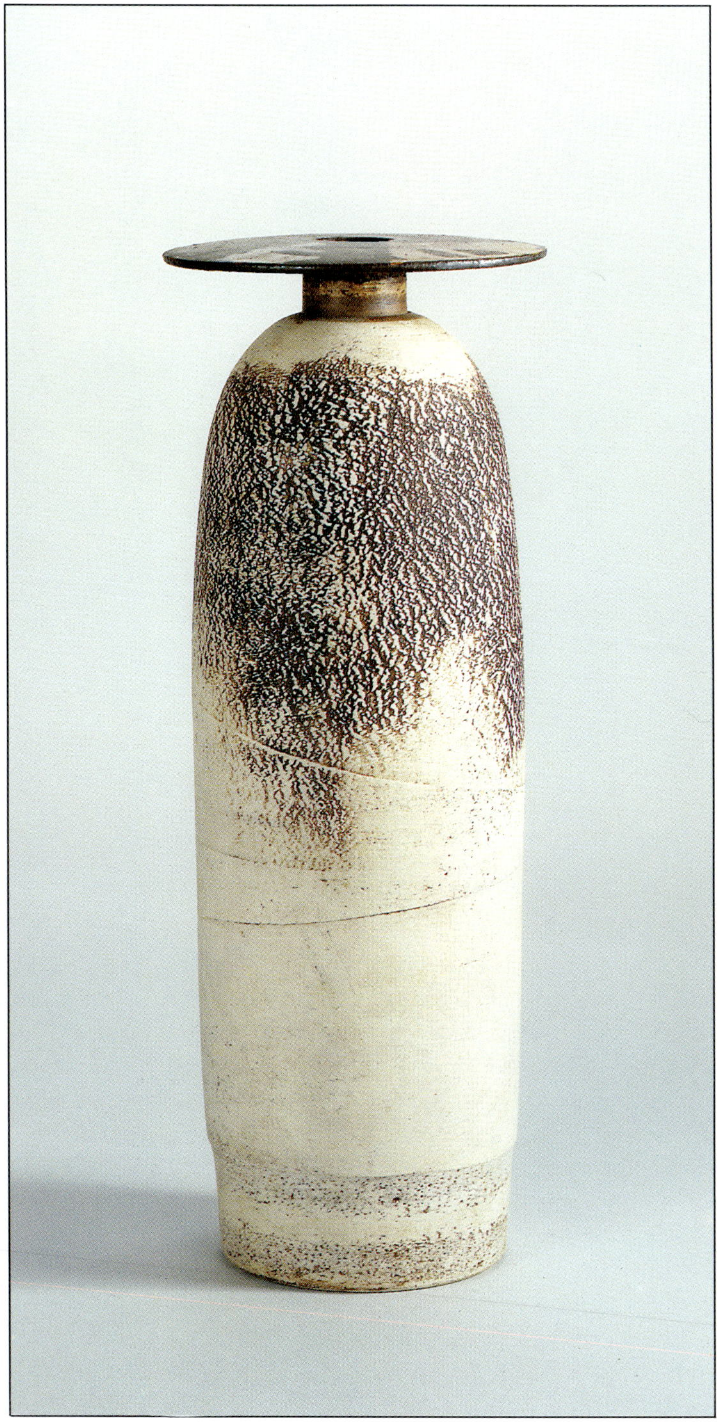

◄ HANS COPER

Hohe Flaschenform

Dieses Werk zeigt eine sorgfältige Ausgewogenheit von Gestalt, Form und Oberflächenstruktur. Die texturierten Bereiche wurden mit Mangan betont, das einen starken Kontrast zu der weißlichen Engobe des Tonkörpers bildet.

▼ PETER COSENTINO

Kleiner runder Topf

Dieses Stück wurde gedreht, aufgeschnitten und wieder zusammengesetzt. Dabei wurden neue Teile hinzugefügt, um die aufgeschnittenen Hälften wieder verbinden zu können. Es wurde dann poliert und leicht geräuchert.

Bildhafte und erzählende Dekoration

Ein Teller oder eine Schale ist, egal mit welcher Methode sie aufgebaut wurde, eine der einfach herzustellenden Formen. Weil sie nur leicht gewölbt sind, entfallen Probleme der Stabilität und des Gleichgewichts weitgehend. Durch die Flächigkeit der Form lassen sich solche Stücke auch reich und detailliert dekorieren. Die Oberfläche bietet sich geradezu an, mit Bildern oder Geschichten versehen zu werden. Natürlich lassen sich nicht nur flache Formen auf diese Weise bemalen. Doch sie eignen sich besonders hierfür.

Das Ausnützen einer keramischen Oberfläche als Träger für bildhafte Darstellungen ist nichts Neues. Einige der besten Beispiele finden sich auf frühen griechischen Vasen und auf Majolikawaren aus Italien.

Die griechische Keramik der Antike ist berühmt für ihre figürlichen Darstellungen, auf denen Ereignisse, Sitten und Gebräuche wie Hochzeiten, Beerdigungen und Sportarten, aber auch Mythen und Sagen dargestellt wurden.

Ganze Geschichten werden da in allen Einzelheiten dargestellt: wie Herakles den Kentauren tötet, wie Perseus die Gorgo Medusa enthauptet, Achilles' Gefangennahme, als er Troilus tötet, und viele andere Sagen von Göttern und Göttinnen.

Die Majolika, eine sehr bildhaft dekorierte zinnglasierte Ware wurde im 15. und 16. Jahrhundert in Italien sehr beliebt. Sie verbreitete sich bald über weite Teile Europas. Bildhafte und erzählende Szenen wurden mit erstaunlichem Geschick wiedergegeben. Die Dekormaler behandelten die Tonfläche nicht anders als Maler ihre Leinwand. Es gab viele verschiedene Dekor- und Malstile, darunter der ‚Istoriato' (Geschichten malen). Die Themen und Motive stammten zumeist aus der Mythologie, der Religion und dem Alltagsleben.

Auch für moderne Keramiker ist die Themenauswahl groß. Manche stellen einfach Geschichten dar oder üben mit ihrer Arbeit Gesellschaftskritik. Andere nützen die Flächen dazu, ihre Kunstfertigkeit unter Beweis zu stellen. Manche Geschichten werden auf eine sehr direkte, bildhafte Weise erzählt. Das geschieht natürlich nicht mehr in dem feinen, reichverzierten Stil der italienischen Majolika.

JOSIE WALTER
Ovaler Teller mit Huhn
Die zum Teil stilisierten, zum Teil karikierten charakteristischen Merkmale dieses Vogels wurden hier gekonnt mit Hilfe von Papierschablonen und Engobemalerei wiedergegeben (siehe *Ausspartechnik* und *Engobe-Dekore*).

Die Redewendung ‚Jedes Bild erzählt eine Geschichte' läßt sich auf die Keramik ebenso anwenden wie auf jede andere bildnerische Kunstrichtung. Vielleicht wäre es richtiger zu sagen ‚Jedes Bild erzählt den Teil einer Geschichte', da manche Darstellungen eine Geschichte eher andeuten als sie ganz zu erzählen. Heutzutage tendiert man eher dazu, sich etwas zurückzuhalten und nicht die ganze Geschichte zu erzählen. Ein vereinfachtes Sinnbild, ein halbabstraktes Symbol oder ein Hinweis im Titel eines Werkes sind oft die einzigen Anhaltspunkte, die der Betrachter zur Deutung der Abbildung erhält. Der Rest ist der Vorstellungskraft und Phantasie überlassen.

Beispiel dafür sind die Arbeiten von Dennis Parks, der symbolhafte Bilder verwendet, wie zum Beispiel die Hände auf seinem großen Teller. Seine Titel ‚Wie die gute

JOSIE WALTER

Fischbündel

Diese Arbeit wurde in rotem Irdenwareton ausgeführt. Sie verbindet traditionelle und moderne Techniken der *Engobe-Dekore* mit der Ausspartechnik und dem Farbauftrag mit Malhorn und Pinsel. Das Stück wurde roh glasiert und bei ca. 1100 °C in einem Elektrobrennofen gebrannt. In dem Gesichtsausdruck der lächelnden Fische drückt sich ein feiner Sinn für Humor aus.

Nachricht von Gent nach Aix kam' oder ‚Zufällige Freuden', enthalten genügend Hinweise darauf, daß es sich um eine bildhafte Erzählung handelt.

Eine Reihe von Techniken lassen sich für diese Art der Dekoration einsetzen. Die Möglichkeiten der Majolikatechnik wurden schon erwähnt. Die Arbeiten von Andrew McGarva liefern hierfür gute Beispiele.

Es ist allerdings interessant festzustellen, daß dieser Keramiker eine für die Majolika sonst nicht übliche Brennmethode anwendet, obwohl er sonst in vielerlei Hinsicht ganz in der Tradition der Majolika und der Delfter-Ware verhaftet ist; man beachte nur seinen charakteristischen Einsatz von Blautönen. Er brennt mit Steinzeugtemperaturen. Majolika und Delfter-Ware wurde aber immer nur bei Irdenwaretemperaturen, also niedriger gebrannt.

Auch fast alle Techniken, die etwas mit *Engobe-Dekoren* zu tun haben, bieten sich zum Bemalen solcher bildhafter Flächen an.

Die Werke moderner Keramiker wie John Pollex und Josie Walter stehen, obwohl ihre Art zu malen anders ist, stilistisch unter dem Einfluß alter Traditionen.

Andere Möglichkeiten, spezielle Themen oder optische Effekte herauszuarbeiten, sind Modellieren oder Reliefarbeiten. Der Keramiker Frank Boyden wendet diese Technik an, um seine eindrucksvollen, halbabstrakten Ideen auszudrücken.

◄ ANDREW McGARVA
Hühnerschale
Die Masse ist Steinzeug. Das Huhn und die anderen Verzierungen wurden auf die glasierte Oberfläche gemalt. Dabei wurde Kobaltoxid für die blauen, Eisenoxid für die braunen und Titandioxid für die gelben Striche und Punkte verwendet. Das Dekor erinnert an den Stil der englischen Delfter-Ware.

► FRANK BOYDEN
Geburt eines Fisches
Dieser große Teller wurde in einem Holzbrennofen bei Steinzeugtemperatur gebrannt. Während des Brennens war der ganze Teller mit Kohle bedeckt. Dadurch entstanden die Farbnuancen. Der Fischkopf wurde aus Porzellan gegossen. Die Art, wie er durch die Tonfläche hindurchbricht, hat eindeutig symbolischen Charakter.

▲ DENNIS PARKS
Wie die gute Nachricht von Gent nach Aix kam
Große Teller bieten dem Keramiker eine Fläche, die förmlich nach Dekoration schreit, so wie eine weiße Leinwand nach Farbe. D. Parks verwendet eine Kombination von Metalloxiden und neutralfarbigen Glasuren, um seine sehr individuell gestalteten Oberflächen mit erzählenden Elementen zu versehen. Das Stück wurde in einem Ölbrennofen bei Steinzeugtemperatur gebrannt (siehe *Brennen*).

DENNIS PARKS
Zufällige Freuden
Dieser große gedrehte Teller baut, wie viele andere ähnliche Werke dieses Keramikers, auf den Assoziationen auf, die durch dargestellte Hände geweckt werden. Sie lassen im Zusammenhang mit dem Titel ahnen, was für eine Geschichte hinter dem Bild steckt. Es bleibt jedoch immer eine gewisse Zweideutigkeit, die davon abhängt, wie der Betrachter das Bild interpretiert.

CHRISTA-MARIA HERRMANN
Globus
Dieses Werk zeigt die meisterhafte Anwendung der *Raku-Technik,* um einen multilateralen Gedanken zum Ausdruck zu bringen. Will man eine völlig geschlossene Form wie diese hier erhalten, muß das Abkühlen sehr langsam geschehen, damit die Kugel nicht zerbricht. Am besten steckt man sie zum Abkühlen in feuchtes Sägemehl, anstatt sie in Wasser zu tauchen.

Von den unendlich vielen Inspirationsquellen, die uns zur Verfügung stehen, ist die menschliche Gestalt diejenige, die uns am meisten anzieht. Künstler, Bildhauer und Keramiker waren immer von der menschlichen Gestalt fasziniert. Einige haben ihr gesamtes Lebenswerk dem Versuch gewidmet, diese Gestalt abzubilden und darzustellen. Figürliche Darstellungen aus Ton lassen sich Tausende von Jahren zurückverfolgen bis hin zu Werken, von denen man weiß, daß sie lange vor dem ersten Tongefäß geschaffen wurden. Prähistorische Tonfiguren standen in Zusammenhang mit religiösen und magischen Ritualen. Viele dieser Figuren galten als Fruchtbarkeitssymbole, um gute Ernten oder Kinderreichtum zu beschwören. Solche Figuren, wie sie teilweise noch heute in weniger entwickelten Kulturen hergestellt werden, wurden aus Ton modelliert und im Feuer gebrannt. Diese Figuren und auf Ton gemalte Darstellungen haben uns Hinweise auf soziale Sitten und Gebräuche geliefert und den Historikern wertvolle Einblicke in die Welt vergangener Kulturen gewährt.

Auf alten, in Ägypten und im Orient gefundenen Scherben sieht man Abbildungen von Alltagssituationen, während man auf den bemalten Gefäßen der Griechen und Römer Ereignisse, Sitten und Gewänder sehr ausführlich dargestellt findet. Solche Themen sind heute noch genauso wie früher von Bedeutung.

In den letzten Jahren brachen hitzige Diskussionen über die Definition von Töpferei und Keramik aus. Diskutiert wurde über die Frage, ob man bestimmte Werke als Skulptur, Keramik oder als Töpferware bezeichnen sollte. Der entscheidende Punkt jedoch, an dem ein Werkstück aus Ton aufhört, zur Töpferei zu gehören, und anfängt, Skulptur zu sein, ist nicht einfach festzulegen. Oft läßt sich das auch nur mit ganz subjektiven Kriterien und emotional gefärbten Maßstäben entscheiden. Manche zeitgenössischen Künstler, deren Arbeiten in jene Grauzone fallen, die ‚Figurative Skulptur' genannt wird, fühlen sich jedoch immer noch unwohl und unsicher unter den Keramikern und Töpfern. Einige dieser Arbeiten sind von einem so ganz anderen Arbeitsstil und völlig anderen Ideen geprägt als die der eher traditionsgebundenen Töpfer. Hier muß jeder Vergleich problematisch werden.

Die Arbeiten der Keramiker Jill Crowley und Glenys Barton sind bekannt für ihre Darstellungsversuche der menschlichen Figur. Crowleys Werke zeigen eine leicht ironisch-humorvolle Betrachtungsweise des ‚Stadtmenschen'. Es sind isolierte Gestalten, modelliert aus grobem Rakuton, dessen Verunreinigungen an die Oberfläche treten und genarbte Oberflächenstrukturen schaffen. Im Vergleich dazu sind die Figuren von Glenys Barton ruhiger und nachdenklicher stimmend. Oft entbehren sie jeglicher Geschlechtlichkeit. Sie haben manchmal keine Haare oder Gesichtszüge oder sind ohne andere geschlechtsspezifische Körpermerkmale. Sie setzt die Rakutechnik häufig dazu ein, ihren Arbeiten den Eindruck von Alter zu verleihen.

Wie bei jedem Thema variiert die Darstellungsweise der Figur enorm, je nach Idee oder Vorliebe des Künstlers. Manche Figuren sind völlig realistisch, mit allen Details, während andere eher halb abstrakt dargestellt werden. Und genauso entscheidet sich mancher Keramiker für eine dreidimensionale Bearbeitung, während ein anderer es vorziehen mag, sich auf eine flächige Darstellungsweise zu beschränken.

Sandy Brown zum Beispiel arbeitet so. Die Figuren werden mit den üblichen, ganz normalen Dekorationstechniken gemalt. Es gibt auch keine spezielle Aufbaumethode für diese Arbeiten. Es lassen sich fast alle formenden Techniken auch für die figürliche Darstellung anwenden, obwohl das *Drehen* und das *Überdrehen* nur beschränkt einsatzfähig sind.

Jill Crowley ist eine der vielen Keramikerinnen, die Tonwülste und die damit verbundene Aufbautechnik verwendet, um hohle Grundformen zu gestalten, auf die sie dann Gesichtszüge modelliert. Auch Tonplatten und gegossene Formen (eine Technik, die Glenys Barton häufig benützt) oder sogar stranggepreßte Formen werden zum Aufbau der Figuren eingesetzt. All diese Verfahren beziehen sich auf die Herstellung eines hohlen Körpers. Damit entfallen die technischen Probleme, die das Brennen massiver oder sehr dickwandiger Tonobjekte mit sich bringen würde.

Es ist natürlich möglich, die Grundform massiv aufzubauen und dann Tonteile oder -stückchen hinzuzufügen.

SANDY BROWN
Lustige Lady
Diesen farbenfrohen Steinzeugteller ziert eine zweidimensionale Figur. Die lockeren, schwungvollen Pinselstriche, anatomische Exaktheit spielt hier keine Rolle, spiegeln das Interesse und die Freude der Künstlerin am Ausdruck von persönlichen Gefühlen und Emotionen.

Es gibt ein paar einfache Methoden, solche Stücke sicher zu brennen. Man sollte dazu eine grobe, poröse Tonmasse verwenden. Dann können auch dickere Bereiche normal gebrannt werden.

Ist ein Teil dicker als ca. 4 cm, dann sollte der überschüssige Ton, solange er noch weich ist, entfernt werden. Er muß aber auch trocken und fest genug sein, so daß das Stück dabei nicht zusammenfällt. Aus so einem porösen Ton lassen sich auch massive Figuren formen, die man dann über einen langen Zeitraum hinweg trocknen lassen muß, bevor sie ebenfalls sehr langsam und vorsichtig gebrannt werden können. Es ist durchaus möglich, massive Tonformen zu brennen. Bei Ziegeln zum Beispiel ist das ganz selbstverständlich. Das Trocknen und das Brennen zieht sich bei Ziegeln jedoch über Wochen hinweg, also über einen sehr viel längeren Zeitraum, als es bei anderen Töpferwaren üblich und normal ist.

MARIA KUCZYNSKA
Porzellanbüste
Dieses Stück wurde aus Porzellantonplatten und -scheiben zusammengesetzt. Die polnische Keramikerin setzt Hell und Dunkel sehr effektvoll ein: Die Hälfte des Gesichtes wird nur durch Schatten angedeutet, die durch sorgfältig geplante vorstehende Bereiche auf die andere Gesichtshälfte fallen und Gesichtszüge ahnen lassen.

CARMEN DIONYSE
Büste
Dieses eindrucksvolle Werk der belgischen Keramikerin und Bildhauerin vermittelt ein starkes Gefühl von Zeitlosigkeit, gleichzeitig aber auch eine beunruhigende Zweideutigkeit. Wird hier Tod und Mumifizierung dargestellt? Könnte es ein Symbol für Wiedergeburt sein, weil eine neue Form aus einer alten heraus entsteht?

EVA KUN
Frau
Persönliche Stellungnahmen zu politischen oder sozialen Streitfragen finden sich in den Arbeiten mancher Künstler immer wieder. Dieses wie ein Clown bemalte und mit Bandagen umwickelte Gesicht trägt den Ausdruck trauriger Einsamkeit.

IMRE SCHRAMMEL
Minotaurus
Dieses berühmte Werk des ungarischen Künstlers ist sehr detailliert ausgeführt. Obwohl es nur ungefähr 40 cm hoch ist, macht es einen gewaltigen Eindruck. Der dicke Oxidauftrag bewirkte eine Färbung der Oberfläche, die das Skulpturhafte dieser Gestalt noch mehr verstärkt. Stark schamottierter Steinzeugton (siehe *Zuschlagstoffe*) wurde hier verwendet und in einer reduzierenden Atmosphäre bei 1280 °C gebrannt.

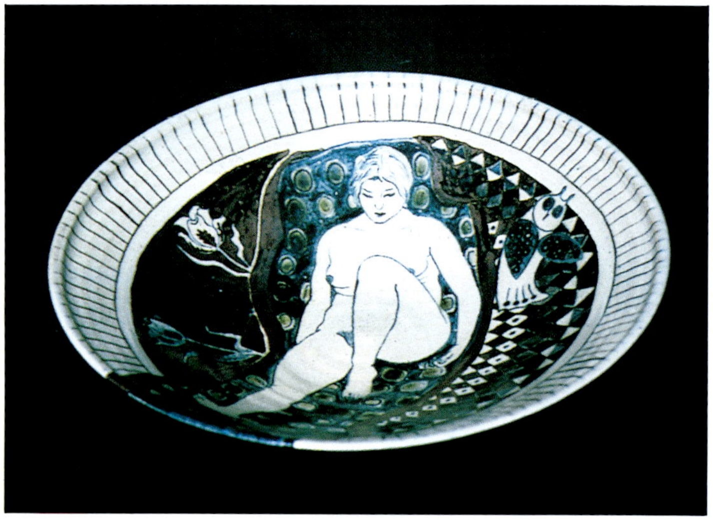

◄ ERIC MELLON
Schale aus Steinzeugton
Diese Arbeit zeigt eine figürliche Darstellung, die sich aus der Vorliebe des Künstlers für Aktstudien entwickelte. Der Entwurf wurde mit Oxiden auf eine ascheglasierte Fläche gemalt. Die gemusterten Dekorflächen verbinden sich sehr gut mit der Hauptfigur des weiblichen Aktes in der Mitte.

▼ ERIC MELLON
Zärtlichkeit
Eine Meerjungfrau mit Fischschwanz und menschlichen Beinen, ein verschlungenes Paar, Mondgöttinnen und Füchse sind immer wiederkehrende Motive in den Arbeiten von Eric Mellon. Auch auf dieser Schale bilden diese Themen die Oberflächendekoration.

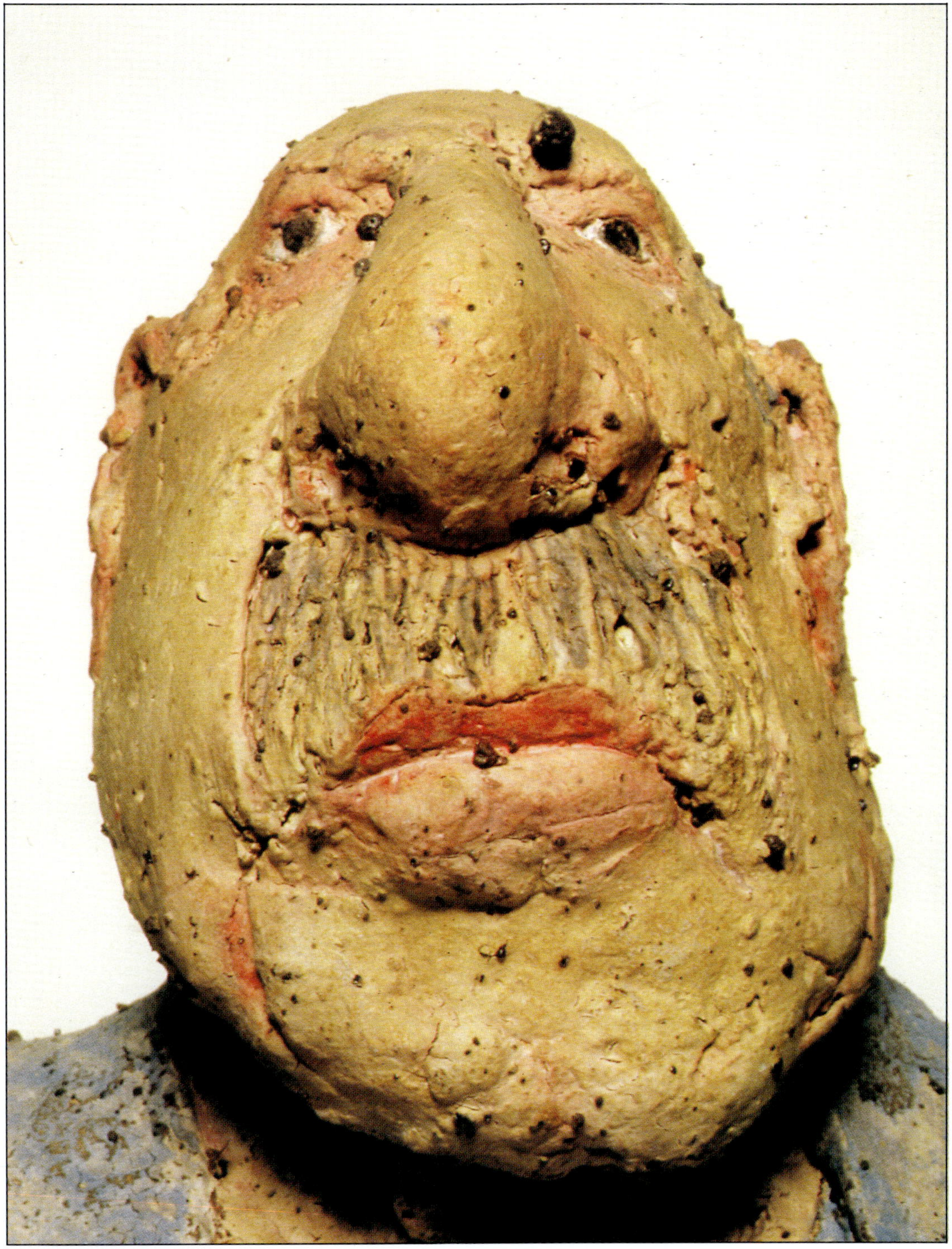

JILL CROWLEY
Mann mit blauem Hemd (Detail)
Die grobkörnigen, porösen Tonsorten, die J. Crowley verwendet, enthalten verhältnismäßig viel Eisen, das während des Brennens an der Oberfläche des Tones austritt. Für viele ihrer Tonbüsten baut sie zunächst eine hohle Grundform aus Tonwülsten auf, um dann Gesichtszüge und andere Details aufzumodellieren. Sie verwendet Engoben und Farbkörper, um Haut und Kleidung deutlicher zu kennzeichnen.

LASZLO FEKETE
Plastik
Diese Figur wurde auf die wesentlichen Elemente Kopf, Hand und Fuß reduziert. Diese weich modellierten Teile stehen in ständigem Kontrast zu der kantigen, an schroffes Gestein erinnernden Struktur des Torsos. Das Stück ist aus eingefärbtem Steinzeugton und wurde bei 1280 °C in einem elektrischen Brennofen gebrannt.

AGNES BONZOGI

Kleine Rakufigur

In dieser Arbeit stehen sich zwei grundsätzlich verschiedene Elemente vereint gegenüber. Der schwere, grob modellierte Torso balanciert schwankend auf einer streng geometrisch aufgebauten Form.

RUTH FRANKLIN
Tänzer
Ruth Franklins Portraits menschlicher Figuren haben immer einen humorvollen Ansatz. Dieses Stück wurde hauptsächlich aus Tonplatten aufgebaut. Die Körperhaltung der Frau vermittelt eine wunderbare Arroganz, die die Keramikerin mit einem Minimum an Detail und Aufwand wiedergegeben hat. Die spärlich eingesetzten Farbtupfer wurden als Unterglasurfarbe aufgetragen.

▼ SANDOR KECSKEMETI
Kopf
Dieser Künstler hat die Idee eines Kopfes auf ganz abstrakte Grundelemente reduziert. In diesem Stück läßt sich der Einfluß von Arp, Miró, Picasso und Moore erkennen.

► RUTH FRANKLIN
Mann mit einem Glas Guinness
Diese aus Platten aufgebaute irdenwaregebrannte Figur entstand aus einer Reihe von Zeichnungen, die sie über einen längeren Zeitraum machte. Der Mann ist aus Ton und sitzt auf einem hölzernen Gestell. Der Tisch ist aus Plexiglas. Die Figur ist bemalt, hat aber als Arm ein Stück Einwickelpapier.

(Kursiv gesetzte Angaben verweisen auf die Abbildungen)

Bildnachweis